CIRCUS ITALIA

Birgit Schönau

CIRCUS ITALIA

Aus dem Inneren
der Unterhaltungsdemokratie

Berlin Verlag

Inhalt

CIRCUS ITALIA

Vorwort

Wenn aus Arkadien Berlusconien wird

Früher einmal war Italien der Sehnsuchtsort der Deutschen. Ein Land voller Schönheit und Sonne, mit endlosen Sandstränden, malerischen Hügeln und uralten Städten. Rom, Neapel, Venedig, Florenz – jede von ihnen eine von Kunstschätzen strotzende Verheißung. Ein Land, bewohnt von herzlichen, stets gut gelaunten Menschen, für die ihre Familie und die exzellente Küche im Mittelpunkt eines heiteren Lebens standen, durch das sie recht stilvoll auf der Vespa oder im Alfa Romeo brausten. Wir, die Deutschen, liebten Italiens Universalkünstler Michelangelo und Leonardo, wir genossen die Opern Verdis und natürlich Filme von Regisseuren wie Luchino Visconti und Federico Fellini, mit Schauspielern wie Marcello Mastroianni und Sophia Loren. Denn Italien bedeutete den Kult der Schönheit und den Esprit der Eleganz.

Heute aber ist aus Italien Berlusconien geworden und aus unserem Arkadien ein Schreckgespenst, das uns entsetzt und enttäuscht. Aber wir haben es natürlich immer auch ein bisschen geahnt. Vielleicht, weil wir so wenig verstanden haben?

Neben der überwältigenden Kulisse gab es für uns das Italien der Kellner und der Bademeister, der Marktfrauen, Köchinnen und Eismacher. Ein sympathisches Urlaubsland, das uns keine Angst machte, weil es nie ernsthaft mit uns konkurrieren konnte, mal abgesehen vom Fußball. Beruhigend harmlos war dieses Italien: ein bisschen chaotisch, ein wenig rückständig, vor allem ökonomisch nicht ganz auf der Höhe – immerhin kehrten ihm 600 000 Italiener den Rücken, um als Gastarbeiter in Deutschland zu arbeiten.

Sicher, es erreichten uns aus unserem Sehnsuchtsland durchaus verstörende Nachrichten, darin ging es um Mafia, Terrorismus und Neofaschismus. Aber so richtig ernst haben wir das nie genommen. Die Tragödie passte in unseren Augen nicht zu diesem lebenslustigen, uns trotz seines Alters fast kindlich erscheinenden Volk, das seine Politik wie eine Commedia dell'Arte zelebrierte, mit Wutgerangel im Parlament und dem Ringelreihen der Regierungskrisen.

Mit leicht süffisantem Unterton gaben unsere seriösen Nachrichtensprecher die Nummern immer neuer Regierungen bekannt, und wir verspürten ein wohliges Schwindelgefühl: 50., 59., 61. – unglaublich, diese Italiener, jedes Jahr ein neues Kabinett! »Italienische Verhältnisse« wurde zu einem Schlagwort unserer Leitartikler, wenn sie vor den deutschen Politikern mahnend den Zeigefinger schwingen wollten. Italienische Verhältnisse, das bedeutete, im Ausland nicht für voll genommen zu werden. Wobei man großzügig übersah, dass die vielen Regierungen stets aus dem gleichen Personal bestanden – eigentlich war das italienische System also äußerst stabil.

Sogar beunruhigend stabil, weil es auf festgezurrten Klientelbeziehungen fußte anstatt auf Bürgerrechten und Bürgerpartizipation. In der feudalistisch geprägten Do-ut-des-Demokratie Italien hatte das Volk von seinen Politikern nicht mehr als Gefälligkeiten zu erwarten und zu verlangen. Die »Geschenke der Politik« sicherten den Politikern den Machterhalt. Nur so ist zu erklären, warum Anfang der 1990er Jahre die etablierten Parteien in den Strudel von Korruptionsskandalen gerieten, die schließlich zur Auflösung der christdemokratischen Democrazia Cristiana und der sozialistischen Partei führten. Zu diesem Zeitpunkt hatte sich die Politik des »manus manum lavat« (eine Hand wäscht die andere) selbst übersteigert und das System von Bestechung und Korruption derart übertrieben, dass beide Seiten nicht mehr von ihm profitieren konnten.

Auf die im Ausland viel beachtete »Revolution der Richter«, die plötzlich eine gesamte politische Klasse abzuurteilen schienen, folgte aber nicht die demokratische »Normalisierung« Italiens, sondern eine Restauration, die das Land direkt in die Postdemokratie führte. Die Symbolgestalt dieser Entwicklung ist Silvio Berlusconi. Seit 1994 beherrscht er die politische Bühne seines Landes, obwohl er in dieser Zeit auch Jahre in der Opposition verbrachte. Mit diesem Mann identifizieren wir heute Italien, weil er selbst unsere Italien-Klischees in sich zu vereinigen scheint – vor allem jene Stereotypen, die der italienische Literaturkritiker Filippo La Porta so umreißt: »Auf der einen Seite Extrovertiertheit, Warmherzigkeit, gute Küche, Sinnenfreude, menschliche Anteilnahme, Geschmack am Dolce Far Niente, also am Müßiggang, Phantasie und Familiensinn. Andererseits aber ein Hang zum Lärmen, Aufdringlichkeit, ein Mangel an Disziplin, Bauernschläue, Feigheit, eine Tendenz zur Täuschung bis zum Betrug, ein amoralischer Utilitarismus im Dienste der Familie.«

Durch Berlusconi ist der Tenor der Italien-Berichterstattung umgekippt. Die Leutseligkeit hat offener Entrüstung Platz gemacht, die Bewunderung einer empörten Abgrenzung. So sind wir nicht und so wollen wir nicht sein! »Denn je heuchlerischer, unzuverlässiger, betrügerischer die Italiener sind«, schreibt La Porta, »desto mehr können die anderen sich im Gegenteil ehrlich, zuverlässig und loyal fühlen. Es ist eine Form der Selbsterhöhung und der Selbstabsolution, die immer auch mit Rassismus verbunden ist.«

Es stimmt ja. Die Deutschen können sich besser fühlen, seitdem aus Italien Berlusconien wurde. Wie das eben geht, wenn man selbst seine Hausaufgaben gemacht hat und der Banknachbar immer noch nicht. Von Vergangenheitsbewältigung bis Bürgerkunde, von Umweltschutz über Gesundheitsrefom bis zum Abbau der Staatsverschuldung – überall sind die Italiener ins Hintertreffen geraten, bis schließlich Deutschland auch noch mehr Michelin-Sterne für seine Restaurants ergatterte und ein deutscher Koch der beste Küchenchef Roms wurde.

So sehr ist Silvio Berlusconi Medienstar, so perfekt füllt er seine Rolle aus, irgendwo zwischen Paterfamilias und Politclown, Schurke und Circusdirektor, dass die Substanz der Politik und die Konturen des Landes hinter seiner überdimensionalen Figur verschwimmen. Silvio Berlusconi ist der erste Politiker, über den in Deutschland Abschlussarbeiten im Fach Theaterwissenschaften verfasst werden – ganz offensichtlich, weil er als Erster im demokratischen Europa die Grenzen zwischen Politik und echtem Theater vollkommen verwischt hat. Ja, Berlusconi hat aus Italien einen Circus Italia gemacht, einmal aufregendes, viel öfter groteskes, ja obszönes Varieté, in dem das politische Personal Raubtierbändiger und Clown ist, Illusionskünstler oder Trapezakrobat, und die Bürger sind das zahlende Publikum.

Berlusconi, der selbst seine Karriere als Animateur auf Kreuzfahrtschiffen begann, bietet seinem Volk heute eine riesige, weit gefächerte Kulturindustrie. Dazu gehören das Fernsehen, das Kino, das Theater, aber auch Weltliteratur und Regenbogenpresse, Fußball und Schulbücher. Und natürlich die Politik. Alles gehört mittlerweile Berlusconi, oder zumindest gehört es zu Berlusconi, der so aus Italien die erste westliche Unterhaltungsdemokratie gemacht hat. Richter, Staatsanwälte und Oppositionelle haben darin die Rolle des schwarzen Peters. Vergebens versuchen sie, den Helden auszubremsen, und werden dabei zu lächerlichen, ja verachtenswerten Figuren, zu Spaßverderbern.

Die Fokussierung auf die Person Berlusconi wird durch den Personenkult seiner populistischen Bewegung selbst auf die Spitze getrieben. Andererseits lenkt sie aber auch davon ab, dass nach fast zwei Jahrzehnten der Entdemokratisierung nicht mehr nur Berlusconi selbst das Problem ist. Man muss nicht gleich so weit gehen und den Berlusconismus als italienische Krankheit bezeichnen wie Dionigi Tettamanzi. Der Kardinal von Mailand glaubt, dass »Italien heute krank ist wie zur Zeit der großen Pest«, weil sich »die Amoralität in allen Schichten unserer Gesellschaft verbreitet«. Und man kommt

natürlich schon ins Grübeln, wenn die Eltern jener blut-
jungen Frauen, die auf den ausschweifenden Privatfesten
des Regierungschefs geladen waren, öffentlich äußern:
Schade, dass meine Tochter nicht Berlusconis Verlobte
ist – bei einem Altersunterschied von fast fünfzig Jahren.
Da erscheint es, als sei Berlusconi wirklich eine italienische Obsession geworden, eine Conditio sine qua non
auf dem Weg zu Wohlstand und Glück. Ganz so, als
hätten die Italiener vergessen und verdrängt, dass es zu
dem vulgären Circus, der ihr Land mit einer tiefen Me-
lancholie überzieht, durchaus noch eine Alternative gäbe.

Aber ist Italien wirklich ein krankes Land? Und wenn ja,
wie sähe dann ein gesundes Italien aus? Gibt es das überhaupt (noch): eine gesunde, stabile Demokratie? Oder
ist Italien nur das erste Beispiel für eine allgemeine Er-
müdung europäischer Spätgesellschaften, in denen schil-
lernde Formen des Populismus das Reformwesen früherer Zeiten unaufhaltsam ablösen?

»Anything goes, aber nur wenig vorwärts, so scheint das
Überlebensmotto eines neuen Politikerschlags zu lauten,
der in Berlusconi seinen extravaganten Prototypen hat,
aber nicht nur in Italien anzutreffen ist«, schreibt der
Historiker Hans Woller in der von ihm herausgegebenen
Aufsatzsammlung »Berlusconi an der Macht«. Allem An-
schein nach, so Woller, gebe es »in der irritierenden Un-
übersichtlichkeit der globalisierten Welt eine beträcht-
liche gesellschaftliche Nachfrage nach dieser Art von
simulierter Stärke, die mit ihren eingängigen Parolen
und billigen Inszenierungen kaum mehr als Politiker-
ersatz sind«.

In Italien wird der Berlusconismus inzwischen als post-demokratische Ideologie eingeordnet, die ihren Erfinder Berlusconi noch überdauern könnte. Der Schriftsteller Umberto Eco spricht von einem »De-facto-Regime« und einer »Mediendiktatur«, der Politologe Gian Enrico Rusconi warnt vor einem »demokratischen Populismus«, bei dem »nur noch die Wahlen demokratisch (sind), deren Ergebnisse alles zu legitimieren scheinen, auch eine entgrenzte Selbstbedienungsmentalität, die es dem Gewinner erlaubt, sich das zu nehmen, was er will«. Dieser Gewinner hat es dennoch nie geschafft, das Land vollkommen unter seine Kontrolle zu bringen. Es gibt Pressefreiheit, es herrscht Meinungsfreiheit. Und doch hat eine Kulturrevolution stattgefunden, in der eine Mehrheit die Aushöhlung der eigenen Demokratie widerstandslos oder sogar zustimmend hinnimmt.

Wie aber sieht es aus, das Italien von heute? Welche Menschen bevölkern es und welche Rolle spielen sie im großen Circus Berlusconi? Sind es Zyniker, Ahnungslose, Masochisten?

Um auf diese Fragen eine Antwort zu finden, muss man Italien bereisen, und deshalb ist dieses Buch vor allem dies: eine Italien-Reise. Die Erkundung eines faszinierenden Landes, in dem Archaisches und Postmodernes, Unternehmertum und organisiertes Verbrechen, Showbusiness und Sklaverei nebeneinander existieren. Ein gespaltenes Land, in dem die eine Hälfte den Berlusconismus ermöglicht, um von ihm zu profitieren, während die andere Hälfte zutiefst an ihrem Land leidet. Denn viele Italiener fühlen sich fremd in ihrer eigenen Heimat, ausgeschlossen von einem Spektakel, in dem die Bürger zu Zuschauern herabgewürdigt werden und die

Wähler zu Fangruppen. Viele engagieren sich dennoch für ihre Demokratie, etwa in der ehrenamtlichen Sozialarbeit oder in der äußerst lebendigen Antimafiabewegung.

Die italienische Zivilgesellschaft ist nicht verschwunden, sie wird jedoch ausgeblendet von einer Politik, die sich wie eine oligarchische »Kaste« auf die Verteidigung der eigenen Privilegien konzentriert und die Anteilnahme der Bürger deshalb als ebenso überflüssig wie lästig empfindet. Auch dieses Szenarium ist womöglich nicht auf Italien beschränkt. Eine italienische Spezialität bleibt jedoch, das Wort »Bürger« systematisch durch »Italiener« zu ersetzen. So hat der Berlusconismus seine eigene Sprache gefunden, in der die Schlüsselbegriffe der Demokratie beschlagnahmt, verhöhnt und ad absurdum geführt wurden. Nicht von ungefähr wandelte sich Berlusconis Partei von »Forza Italia« (Vorwärts Italien) zum »Freiheitsvolk«, wurde der gewählte Parteivorsitzende zum autoritären »Leader« (das englische Wort für »Führer« klingt immerhin neutraler als das italienische »Capo« oder gar »Duce«) und hießen Regierungsämter »Ministerium für Vereinfachung«.

Während dieses Buch erscheint, sieht es so aus, als wäre der Politiker Berlusconi wieder einmal am Ende. Der Stern des großen Kommunikators ist verblasst, bald wird er erlöschen, das liegt in der Natur eines Populismus, der immer nur auf die Gegenwart des eigenen Machterhalts ausgerichtet war und nie auf die Zukunft des Landes. In der Agonie des Berlusconismus erscheint jedoch ganz Italien als seltsam gelähmtes, konfuses Land ohne Selbstvertrauen und Zuversicht für die Chance einer wirklichen Wende und eines gründlichen Wiederaufbaus. Die Italiener scheinen verinnerlicht zu haben, was ihnen in sechzehn Jahren Berlusconismus eingehämmert wurde: Zu Berlusconi gibt es anscheinend keine Alternative. Dieses Buch ist deshalb auch eine Tour durch ein verstörtes, verunsichertes Land, das nicht mehr wagt, an sich selbst zu glauben.

Meine Spurensuche führt mich von Norden nach Süden, aus dem Venetien der Separatisten von der Lega Nord über Mailand und die alte Renaissancemetropole Florenz, die Hauptstadt Rom und Neapel über Apulien und Kalabrien bis nach Sizilien.

In Norditalien habe ich Unternehmer getroffen, in der Mitte Fußballer, Parlamentarier und Journalisten, im Süden Mafiosi und Heilige, Meeresbiologen und Gefängnisdirektoren – und jene Immigranten, die Italien schon seit Jahrzehnten ein neues, multikulturelles Gesicht geben. Es ist eine Reise in das Innere eines Landes, das sich immer wieder als ein riesiges, vielfältiges Laboratorium entpuppt, voller Liberalität und exzessivem Individualismus, patriarchalischer Autorität und Unabhängigkeit, Gewalt, aber auch großer und einnehmender Menschlichkeit. Dieses Land darf man weder belächeln noch verachten, man sollte es bestaunen, erfahren, immer neu entdecken. Und natürlich lieben.

Kapitel I

VERONA: DER SHERIFF UND SEINE STADT

Wie die Lega Nord Venetien beherrscht

Ein heller Frühlingstag in Verona, die Alpen im Rücken, mag man schon draußen in der Sonne sitzen. Es ist elf Uhr morgens, Zeit für den letzten Cappuccino oder das erste Glas Weißwein. Auf der Piazza delle Erbe drängen sich die Gemüsestände mit Radicchio, Artischocken und Saubohnen, die Bänke mit Haushaltswaren und Kleidern. Durch das Gewühl von Händlern und Kunden, zwischen Brunnen und Renaissancesäulen schieben sich Schulklassen und Touristen auf dem Weg zum Haus, wo Shakespeares Heldin Julia ihren Romeo erhört haben soll. Die Liebe, die Familienfehde, die Montagues und Capulets, der Tod, die Versöhnung: Säulen für Weltliteratur. Julias Haus mit dem Balkon ist so real, dass Verona bis heute ganz gut von der berühmtesten Liebesgeschichte des Theaters lebt.

Und natürlich vom alten Amphitheater, der römischen Arena, den großen, dort ein wenig zu bunt inszenierten Opern. Verona müsste eigentlich eine der Welthauptstädte der Musen sein, eine Kapitale leichter Dichtung und lichter Dramen. Aber dann schlägt man auf der Piazze delle Erbe mit ihren prachtvollen Fassaden und Blumenbalkonen die Tageszeitung auf, sie heißt sinnigerweise *L'Arena* und ist genauso trostlos prosaisch wie ein polizeiliches Bulletin. Hier ein Drogenhändler aus Tunesien festgenommen, dort ein Transsexueller aus Brasilien geschnappt, dazu ein Albaner wegen Tierquälerei verurteilt, zu schweigen von dem betrunkenen Polen, der eine Einheimische totgefahren hat. Das alles in Verona, Italiens erster Adresse gleich hinter dem Gardasee. Ausgerechnet in Verona, dieser Opernbühne unter freiem Himmel, mit ihren peinlich aufgeräumten Straßen, den einladend freundlichen Kirchen, den Luxusläden, an deren Eingangstüren steht: Weitere Filialen in Paris, Rom und Capri. So satt wirkt Verona, so offen und heiter, so schwebend im vollen Märzenlicht. Ist das denn nur schöner Schein?

»Nicht alles ist hier Gold, was glänzt«, brummt auf der Terrasse des Caffè Filippini ein straffer, braun gebrannter Sechzigjähriger in sein Weinglas. »Aber immerhin tut die Polizei jetzt endlich etwas. Denn der Tosi räumt auf.« Eigentlich sagt er im weichen Dialekt Venetiens: »Der Tosi hämmert gut.« Es klingt zufrieden. Und erwartungsfroh. »Die Bettler«, knarzt der Signore, »überall lungerten sie herum. Jetzt sind alle weg. Haben Sie hier einen Bettler gesehen? Ja, und dann die Ausländer. Man traute sich ja kaum noch aus dem Haus. Aber Tosi, der schafft jetzt Ordnung.« Ein Hammer, dieser Tosi. Fegt mit eisernem Besen durch seine 200 000-Einwohner-Stadt, hat sich den Ehrentitel erhämmert: »Sheriff von Verona.« Klingt gnadenlos und ist wohl auch so gemeint.

Geldbußen für die Freier am Straßenstrich, immer mehr Festnahmen der fliegenden Händler an der Arena und der Fensterputzer an den Ampeln, Razzias in den Dönerbuden, Räumung von Roma-Lagern. Also hämmert Flavio Tosi am liebsten gegen Ausländer, aber nicht nur gegen sie. Sein »Picknick-Erlass« belegt zum Beispiel alle mit 50 Euro Strafe, die in der Nähe historisch wichtiger Bauten auf offener Straße ihr Brötchen mampfen und dazu womöglich auch noch Wein oder Cola trinken. Mit Bürgermeister Tosis »Parkbank-Erlass« wurden Veronas Parkbänke gegen unbequemere Modelle ausgetauscht, damit die Obdachlosen nicht mehr darauf schlafen. Das alles gilt natürlich im Prinzip auch für Italiener, nur sind Straßenhuren, Fensterputzer und Straßenverkäufer inzwischen ganz überwiegend »extracomunitari«, Nicht-EU-Ausländer.

Auch Polen und Rumänen werden so genannt, man hat sich noch nicht so richtig daran gewöhnt, dass diese »extracomunitari« nun offiziell Europäer sind wie Franzosen oder Deutsche. Vielleicht deshalb, weil es in Verona immer noch nur wenige Ausländer gibt, gerade mal 12 Prozent der Bevölkerung. Von wegen wenig!, protestiert der Bürgermeister, viel zu viele seien es. »Doppelt so viel wie der Landesdurchschnitt«, stellt Flavio Tosi fest und fügt hinzu: »Die Ausländer kamen über uns wie eine Explosion.« Wie ein Erdbeben, ein Vulkanausbruch oder eine Naturkatastrophe.

Tosi sitzt auf der äußersten Kante eines roten Sessels im Bürgermeisterbüro direkt gegenüber der Arena. Er ist allein, ohne Pressesprecher und Referenten. Das ist ungewöhnlich für einen italienischen Politiker, ungewöhnlich wie seine Kleidung. Der Bürgermeister der reichen Stadt Verona trägt eine ausgebeulte Stoffhose und ein himmelblaues Hemd mit kurzen Ärmeln und offenem Kragen. Darin sieht der schmächtige Tosi aus wie ein Zugschaffner in einem Film des italienischen Neorealismus. Wie ein *borghese piccolo piccolo*, ein kleiner Beamter, ein Kleinbürger. Das Gegenteil von elegant, alles andere als geschniegelt, wie es die Politiker der »Kaste« so gern sind, die sich in feines Tuch werfen, um sich maßgeschneiderte Krawatten umzubinden.

Aber Tosis Partei, die Lega Nord, lehnt die »Kaste« ab und hat deshalb ihre eigene Kleiderordnung. Ihre Männer zeigen gern, dass sie nicht zum Establishment gehören (Frauen spielen bei der Lega keine große Rolle), deshalb ließ sich der Parteichef Umberto Bossi schon im Unterhemd fotografieren, er tritt im T-Shirt auf oder im »Grünhemd«, der Lega-Tracht, ein Anzugtyp ist er jedenfalls nicht. Hemdsärmelig wollen sie aussehen, das kommt an.

In Venetien ist die rechtspopulistische Lega Nord die stärkste Partei, ihre ausländerfeindlichen Parolen, die Hetze gegen Homosexuelle, die Propaganda gegen Süditaliener und den römischen Zentralismus finden breite Zustimmung. Dabei ist der Nordosten eine der reichsten Regionen Italiens. Venetien erwirtschaftet ein doppelt so hohes Bruttosozialprodukt wie Kampanien. Es herrscht Vollbeschäftigung, die Unternehmer sind auf ausländische Arbeitskräfte angewiesen, die Integration klappt besser als anderswo: es gibt mehr nicht-italienische Angestellte und Kleinunternehmer als sonst wo in Italien. Vor allem die Chinesen investieren in die Heimatregion Marco Polos, allein in Padua und Umgebung existieren fast 600 chinesische Geschäfte und Betriebe. Der wichtigste Steuerzahler in der Provinz Vicenza ist ein chinesischer Unternehmer. Längst steht auf den Mülltonnen auch in chinesischer und arabischer Sprache, welche Art Abfall in welche Tonne gehört, weil das multikulturelle Miteinander Alltag ist.

Trotzdem empfinden es die Leute als Skandal, wenn Venetiens Ministerpräsident Luca Zaia sein Silvestermahl in einem chinesischen Restaurant einnimmt anstatt in einer Trattoria mit landestypischer Küche. Trotzdem wählen die Leute Politiker wie Flavio Tosi und sein Aufräumprogramm, das suggeriert, es werde alles besser, wenn man nur die Fensterputzer vor den Ampeln vertreibe. Tosi und die anderen versprechen, die Zeit zurückzudrehen, das gefällt den Wählern, die sich in der Illusion wiegen, man könne beides haben, den Reichtum von heute und die ausländerfreien Städte von gestern. In Verona holte der kleine Mann über 60 Prozent. Vorher war er Fraktionsführer im Regionalparlament, dann Gesundheitsassessor. Tosi kam praktisch aus dem Nichts und wird doch für alles Mögliche gehandelt. Bald könnte er Minister werden. Eine Blitzkarriere.

»Meine Mitbürger haben mich gern«, sagt Tosi, seine raue Stimme wird um keinen Halbton weicher. »Ich liebe meine Stadt. Deshalb will ich, dass Verona nicht nur schön ist, sondern sauber und ordentlich.« Tosis Lieblingsausdruck ist »Kontrolle des Territoriums«. Er sagt es dauernd, es klingt eher militärisch als putzbesessen. »Wenn Ausländer frech und arrogant werden, haben die Italiener das Gefühl, dass ihr Territorium nicht mehr unter Kontrolle ist.« Bewahre, das darf nicht sein! Schon schiebt Tosi sein markiges, glatt rasiertes Kinn vor. »Wenn es darum geht, eines dieser Roma-Lager zu räumen, dann bin ich dabei. Auch morgens um fünf!« Wenn es nach ihm ginge, gäbe es gar keine Ausländer in Verona, die Arbeit könne schließlich auch von Italienern erledigt werden.

Der erste Mann Veronas ist Veronas erster Räumer, überall dabei, wenn es gilt, einigen Bürgern zu zeigen, dass sie in dieser Stadt nicht mehr besonders erwünscht sind. Auch gegen die Schwulen von »Gay Pride« marschierte Tosi, zu diesem Anlass trug er ein T-Shirt mit der Aufschrift »Wir Romeo und Julia – ihr Sodom und Gomorrha«. Die Assoziation war derart absurd, dass Tosis Anhänger sie prompt verstanden. Man muss als Lega-Mann die Weltliteratur nicht kennen, man muss sie nur zu nutzen wissen.

Schön, komplimentiert man den wackeren Tosi. Da haben Sie Ihre Stadt nun gründlich ausgefegt und blank geputzt, da strahlen nun auch die dunkelsten Winkel rein wie nie, befreit von allen finsteren Gestalten. Und was machen Sie jetzt? Welche Projekte haben Sie denn für Ihre schöne, saubere und ordentliche Stadt? Da lächelt Tosi verheißungsvoll, lehnt sich zurück und packt seine Vision in genau fünf Wörter: »Jetzt bauen wir ein Shoppingcenter.« Er meint das ganz ernst, er kommt jetzt richtig in Fahrt und erzählt von Bauprojekten und Geschäften und Rolltreppen.

Und die Rechtsextremen? Müssen die nicht auch bekämpft werden, endlich hinausgefegt aus der Stadt? Ein einziger Kriminalfall erregte in diesem Jahr landesweit Aufsehen – der brutale Mord von fünf jungen Männern aus Verona an einem gleichaltrigen Mitbürger. Das Opfer hatte den Tätern auf der Straße eine Zigarette verweigert. Und er war anders gekleidet als sie. Das brachte die fünf jungen Venetier so in Rage, dass sie ihr Opfer brutal erschlugen. Die Mörder kamen aus dem rechtsextremen Hooligan-Umfeld des Fußball-Drittligisten Hellas Verona. Verona ist eine internationale Hochburg der Neofaschisten. Tosi sagt, das kümmere ihn nicht. »Eine Handvoll Verrückter in einer Kurve mit 5000 braven Jungs. Außerdem stammt von den fünf Tätern nur einer aus

Verona.« Und die Übrigen? »Aus dem Umland. Für die bin ich nicht zuständig.« Der Bürgermeister war selbst bei einem Marsch der rechtsradikalen Veneto-Skinheads zu sehen. Gomorrha sind die anderen.

Die Lega grenzt sich nicht ab nach rechts. Ihre klein-bürgerliche Politik kennt keine rechten Grenzen, wie sie keine Grenzen des Anstands kennt oder auch nur Grenzen des guten Geschmacks. Es scheint ein Wider-spruch zu sein, dass diese Partei ausgerechnet in einer Gegend Italiens so erfolgreich ist, die das Ausland mit ausgeprägter Lebensart verbindet – ein Landstrich mit Palladio-Villen und der Lagune von Venedig, mit dem majestätischen Fluss Po und mit malerischen, properen Städten wie Treviso, Vicenza, Verona und Padua. Eine Gegend, wo Prosecco gekeltert wird und Amarone, wo die Luft perlend ist und mild und die Küche von jener einfachen Raffinesse, um die man jenseits der Alpen Ita-lien so glühend beneidet, ohne sie jemals kopieren zu können. Die Grünhemden der Lega haben diese Land-schaft fest im Griff, und schon greifen sie hinüber in die Lombardei, nach Piemont und in die einstmals stramm rote Emilia Romagna. Ihr Phantasialand Padanien nimmt Gestalt an, es wird immer größer, je enger die Ideen der Lega-Politiker werden.

In jenen Regionen Norditaliens, die den höchsten Ausländeranteil haben, ist die Lega nicht unbedingt we-gen ihrer ausländerfeindlichen Propaganda erfolgreich. Sicher, die Partei hat Wahlen gewonnen mit Leuten wie Giancarlo Gentilini, einem Rechtsaußen aus Treviso, der einst anregte, Einwanderer in Hasenkostüme zu stecken, auf dass die Jäger Padaniens ihre Flinten an ihnen aus-probierten. Und sicher, die Lega hat Politiker in ihren

Reihen wie Roberto Calderoli, dem einfiel, mit einem Schwein an der Leine die für Moscheen ausgesuchten Grundstücke zu entweihen – das Schwein gilt im Islam als unreines Tier. Doch in Wirklichkeit ist Lega-Land auf Ausländer dringend angewiesen. Und so mancher Vorstoß der Lega-Oberen musste kleinlaut zurückgenommen werden, weil die eigene Klientel darauf bestand.

Als etwa in Rom der Innenminister und Lega-Mann Roberto Maroni die Verschärfung der Ausländergesetze vorantrieb und jede Möglichkeit der Legalisierung von illegalen Einwanderern ausschließen wollte, regte sich im Stammland Protest. Maronis Anhang wollte nämlich nicht auf die ausländischen Haushälterinnen, Kindermädchen und Altenpflegerinnen verzichten, die in italienischen Familien längst den Alltag regeln, ob mit oder ohne Papiere. Über 700 000 Illegale hatten sich in den Mühlrädern der legendär langsamen italienischen Bürokratie verfangen und baten um Aufschub. Und die Lega musste nachgeben, um des lieben Friedens in den norditalienischen Familien willen.

»Die Verse der Politik«, sagt in Verona der Pastafabrikant Gianluca Rana, »bilden eben nicht unsere Gedichte.« Der hochgewachsene, elegante Rana ist Vorsitzender des Unternehmerverbandes in Tosi-Town, ein smarter, liberaler Mittvierziger, dessen Firma mit einem uritalienischen Produkt erfolgreich ist: frische Eiernudeln. Rana exportiert Bandnudeln und Lasagne, Ravioli und Tortellini in alle Welt, und in seinem Werk vor den Toren der Stadt werden diese Produkte von Arbeitern aus aller Welt hergestellt. In einem familiären Klima, beteuert Gianluca Rana, schließlich leitet er selbst mit seinem Vater ein typisch italienisches Familienunternehmen. Eines der vielen, die in Venetien vor einer Generation quasi aus dem Nichts entstanden, indem der alte Rana zunächst mit seinem Lieferwagen die Lebensmittelläden rund um den Gardasee belieferte. Vom Eigenvertrieb bis zur Weltmarke war der Weg kurz, und bald musste das einstige Einmannunternehmen sogar Ausländer anheuern, weil sich nicht genügend Italiener zum Nudelmachen fanden.

»Die Politik betreibt ihr eigenes Marketing«, sagt der Juniorchef diplomatisch. »Wir Unternehmer aber tun alles für die Integration unserer ausländischen Arbeitnehmer. Denn wer sich integriert fühlt, arbeitet besser. So einfach ist das.« So werden in den Industriehallen von Lega-Land ganz selbstverständlich Gebetsräume für Muslime eingerichtet, auch wenn die Lokalpolitiker vehement gegen Moscheen wettern. Und das Unternehmen Benetton, eines der wichtigsten und reichsten der Gegend, wurde gar mit dem antirassistischen Slogan »United Colors« weltbekannt. Heute finanziert Benetton das internationale Design- und Kulturzentrum »Fabrica« bei Treviso, in dem junge Künstler und Kommunikationsexperten arbeiten. Wie passt das damit zusammen, dass in Italiens modernsten und erfolgreichsten Regionen Politiker mit Rückwärtsparolen Erfolg haben?

Sicher spielt eine gewisse Rolle, dass, abgesehen von wenigen Global Playern, der Löwenanteil der Unternehmen im Nordosten aus mittelständischen Familienbetrieben besteht. So ist Venetien neureich, aber provinziell. Der Aufschwung kam für diese Region sehr rasch, noch rasanter als das übrige Italien entwickelte sie sich vom Auswanderer- zum Einwandererland. Noch Anfang des 20. Jahrhunderts zogen besonders viele Venetier nach Argentinien, so dass die Lega angesichts der argentinischen Staatspleite hundert Jahre später den Nachkommen dieser Auswanderer sogar anbot, ins Land ihrer Vorfahren zurückzukehren – das Echo war indes gering. In den 1960er Jahren folgte eine neue, starke Auswandererwelle nach Deutschland, bevor das Veneto eine ungeahnte Blüte erlebte. Plötzlich strömten Arbeitssuchende aus aller Welt in diese Region ohne große Städte, die wie Mailand oder Turin schon eine Immigrationswelle aus Süditalien hinter sich gehabt hätten. Die Hauptorte Venetiens waren dagegen Provinzorte inmitten eines agrarisch geprägten Umlands, die im Dornröschenschlaf lagen, während sich rings herum die Welt veränderte.

Dann kam der Aufschwung, das große Geld, und die Landschaft explodierte förmlich. Um die alten Städte legten sich wie in Jahresringen immer neue Industriegürtel, allein an der 100 Kilometer langen »Möbelstraße« um Verona entstanden 3000 Betriebe. Venetien war zum Landstrich der Selfmademänner geworden, die zwar in ihrer unterentwickelten Steuerzahlermoral und der Schulabbrecherquote den Landsleuten in Neapel um nichts nachstanden, aber ihren neuen Reichtum nicht mit Südländern teilen wollten, von deren sie sich weiter entfernt fühlten als von Bayern oder Schwaben. Die Partei dieser Selfmademänner (zu der auch wenige Frauen gehören) wurde die Lega, weil sie versprach, das prosperierende Norditalien von einem hinterherhinkenden Zentralstaat zu befreien. Als sich Anfang der 1990er Jahre die in Venetien bis dahin vorherrschende Democrazia Cristiana und die sozialistische Partei in Korruptionsskandalen auflösten, war die Lega bereit, an ihre Stelle zu treten. Die Traditionsparteien hatten über Jahrzehnte den Staat wie einen Selbstbedienungsladen behandelt, die Lega aber erklärte Korruption zu einem Übel des Zentralismus. Als Regionalpartei war sie überall vor Ort präsent, um sich zur Anwältin einer Klientel zu machen, für die Italien nur bis zur nächsten Kirchturmspitze reichte.

Heute sind Nord- und Süditalien, so paradox das klingt, in der Ablehnung des Staates vereint. Im Süden klagen sie, dass der Staat sich nicht kümmert. Im Norden, dass er sie aufhält und blockiert.

Überall in Venetien kann man Menschen treffen wie den Müller Enrico Munari aus Fontaniva, einem Ort am Fluss Brenta zwischen Vicenza und Treviso. Munari, ein vitaler und sympathischer Mittfünfziger, erzählt temperamentvoll von seinem Ururgroßonkel Ottaviano, der 1860 in einem langen Brief an die Familie die Gründe für seine Auswanderung nach Südamerika darlegte. »Ottaviano ertrug die Bürokratie in Italien nicht länger«, sagt mit leuchtenden Augen Enrico. »Er schimpfte über die hohen Steuern und über Staatsangestellte, die ihm nur Knüppel zwischen die Beine warfen. Und es hat sich nichts geändert! Nur, dass ich nicht nach Argentinien auswandern kann. Ich muss hierbleiben und zusehen, dass die Mühle läuft.« Gleich nebenan hat Enrico sich ein lilafarbenes Haus gebaut, das aussieht wie von Piet Mondrian entworfen, das einzige violette Gebäude weit und breit.

Die Mühle an einem Nebenarm des Brenta gehört den Munaris schon in der neunten Generation, nicht von ungefähr bedeutet ihr Nachname einfach »Müller«. Eigentlich ist Enrico gelernter Goldschmied, seine Cousine und Kollegin Emanuela hat nach dem Studium der Japanologie sogar eine Weile in Japan gelebt und gearbeitet. Jetzt führen beide die Mühle, haben sich auf Malzmehl, Mais und Kleie spezialisiert und Kunden in ganz Europa. Aus der ganzen Welt kommt auch das Getreide, die italienischen Bauern seien nicht zuverlässig genug, ihre Produkte schon lange nicht mehr konkurrenzfähig. Vorbei die Zeiten, als ein Müller nur für die Klientel in seinem Ort mahlte, Venetien hat Müller von Welt. Die zehnte Generation der Munaris aber wird neben dem Mühlenrad mit dem Wappen der Seerepublik Venedig wohl auch jene Akte erben, mit der sich ihre Vorgänger schon so lange herumschlagen – die Akte Brandschutz.

»Seit zwanzig Jahren warten wir darauf, im Einklang mit dem Gesetz zu sein«, sagt die schöne und zurückhaltende Emanuela. »Seit zwanzig Jahren sagen sie uns: Wir können euch eine Brandschutz-Bescheinigung nicht geben, aber ihr dürft trotzdem weiterarbeiten«, sagt der weniger zurückhaltende Enrico. Und beide sagen sie, es sei nämlich so, dass keiner von »denen« die Verantwortung für die Genehmigung übernehmen wolle. »Die«, das sind die anderen, und die anderen sind der Staat. Die Müller Emanuela und Enrico glauben: »Wir arbeiten für die, aber die arbeiten nicht für uns.« Und so wie die Munaris fühlen sich viele im Musterland der Erfolgreichen Italien längst entwachsen. Die Lega soll sie von diesem schwerfälligen Staat befreien.

Ein paar Kilometer von Fontaniva entfernt kommt die Winzerin Antonella Bronca leicht ins Schwärmen, wenn sie von Luca Zaia redet, der für die Lega erst italienischer Landwirtschaftsminister wurde und dann Präsident der Regionalregierung von Venetien. »Luca ist nicht wie andere Politiker«, sagt die zierliche Signora und beschreibt lebhaft, was denn das Anderssein des Politikers Zaia ausmacht. Dass er Privilegien ablehnt, dass er sich auskennt mit der Landwirtschaft, dass er sich um die Belange seiner Heimatregion kümmert, kurzum: Bodenständigkeit.

Dazu passt, dass das Regierungsbündnis der Lega mit Berlusconi die Winzerin Bronca weitaus weniger überzeugt. Viele im Nordosten wollen mit Berlusconi nichts zu tun haben, weil der Großunternehmer aus Mailand das Gegenteil von Bodenständigkeit verkörpert. Aber die Lega wählen sie trotzdem. Wenn sie um das Image Italiens fürchten – und das tun sie im exportfreudigen Nordosten –, dann denken sie an die Müllberge in Kampanien und an Mafiamorde. Niemand im Nordosten käme auf die Idee, dass die Kunden im Ausland auch ihre strikt europafeindlichen Volksvertreter von der Lega für ziemlich seltsame Vögel halten könnten. Allen voran den Parteigründer und Anführer Umberto Bossi, der den befremdlichen Slogan prägte: »Die Lega hat ihn härter!«

Antonella Bronca betreibt mit Mann, Schwester und Nichte einen Winzerhof in Colbertaldo, Provinz Treviso. Colbertaldo ist ein verträumtes Dorf mit einer Metzgerei und einem Bäckerladen in den Hügeln der Prosecco-Hochburg Valdobbiadene. Tiefe italienische Provinz, und doch exportieren die Broncas ihren Prosecco nach Kalifornien, Japan und Singapur. Ihren Wein bauen sie auf den Hügeln über dem Piave an – dessen Wasser führen den pathetischen Namen »Fiume Sacro alla Patria«, heiliger Fluss des Vaterlandes, weil an den Ufern des Piave die großen Schlachten des Ersten Weltkriegs geschlagen wurden. »Dieser Fluss war ein Symbol des Heldenmuts und der Vaterlandsliebe der Italiener«, schreibt der Journalist Gian Antonio Stella, »heute ist er ein Symbol ihrer Blindheit.« Denn der Piave fließt nun mitten durch Lega-Land, durch Padanien und ist zum Bannerträger einer Bevölkerung geworden, die mit Italien nicht mehr viel zu tun haben will.

Doch wenn man durch Lega-Land fährt, muss man unweigerlich den Eindruck gewinnen, dass die Menschen hier zu ihrer Lieblingspartei nicht so richtig passen. Die Menschen in Lega-Land sind moderat, die Partei gibt sich extremistisch. Die Menschen schauen nach Europa und noch weiter in die Welt, die Parteizeitung *La Padania* sortiert auf der Wetterkarte schon Rom unter »Ausland« ein. Die Menschen leben längst mit Einwanderern aus aller Herren Länder, die Partei aber tut, als müsse man sich gegen jeden Ausländer mit Zähnen und Klauen wehren. Die Venetier geben viel auf ihre Unabhängigkeit und auf klare, demokratische Strukturen, die Lega aber, findet der Journalist Aldo Cazzullo vom *Corriere della Sera*, sei »die mediterranste aller Parteien, in ihr herrschen das Gesetz des Clans und die Treue zum Führer«.

Tatsächlich hat es für diese Partei seit ihren Anfängen immer nur einen einzigen Führer gegeben: Umberto Bossi. Auch dass sein Sprechvermögen seit einem 2004 erlittenen Schlaganfall beeinträchtigt ist, ändert nichts daran, dass allein Bossis Wort in seiner Partei gilt. Und dass er ausfällig wird wie eh und je, wenn er zum Beispiel davon faselt, seine Norditaliener würden notfalls auch zu den Waffen greifen, um ihre Unabhängigkeit zu verteidigen.

Doch in Wirklichkeit ist der vorgebliche Dauerkampf der Lega um Autonomie und Föderalismus längst realer Machtverwaltung gewichen, denn Bossi und die Seinen verwalten die von ihnen beherrschten Regionen wie mittelalterliche Feudalherren. Der Führer selbst schreckt nicht davor zurück, seine eigene Dynastie zu errichten und seiner Familie Posten in der Politik zu verschaffen. Seinen Bruder und seinen ältesten Sohn brachte Bossi beim Europaparlament in Straßburg unter, als Assistenten der Abgeordneten erhalten sie ein fürstliches Monatsgehalt. Und Bossis Lieblingssohn Renzo brachte es, nachdem er auch beim dritten Mal durchs Abitur gerasselt war, vom Manager der Fußballnationalmannschaft Padaniens zum Abgeordneten des Regionalparlaments. Ausgerechnet die größten Kritiker der »Kaste« profitieren schamlos von den Privilegien der Politik.

Noch sieht die Basis großzügig über Bossis Nepotismus hinweg, sie nimmt das als kleineres Übel hin wie den strikten Schulterschluss mit Berlusconi. In Lega-Land gilt der alte Bossi als ein politischer Messias, der die von Rom »ausgebeutete« Region quasi erweckt und erlöst habe. Anfangs war der Lega-Gründer neben dem Radikalenführer Marco Pannella mit dessen Kleinstpartei der einzige italienische Politiker, der einen starken Führerkult pflegte. Als aber Silvio Berlusconi die politische Bühne eroberte, bekam Umberto Bossi plötzlich Konkurrenz. Zwei Sultane in einem Harem waren schlicht zu viel, und tatsächlich scheiterte die erste Regierungskoalition der beiden 1994 daran, dass der impulsive Lega-Führer die Brocken hinwarf, weil er sich zum Juniorpartner degradiert fühlte.

Es dauerte einige Jahre, bis Bossi begriff, dass er von dem Bündnis mit Berlusconi nur profitieren konnte: Erst durch die Regierungsbeteiligung in Rom erlangte seine Regionalpartei endgültig landesweite Bedeutung. Andererseits war es für die Lega ein Kinderspiel in der Koalition mit Berlusconi, ihre Identität zu verteidigen, denn dem Großunternehmer ging es neben der Verteidigung seiner persönlichen Interessen kaum um die Durchsetzung von politischen Programmen. Im Unterschied zu Berlusconi schien Bossi dagegen mit der Unabhängigkeit Padaniens ein konkretes politisches Ziel zu verfolgen, im Übrigen überholte er den Partner mit seiner ausländerfeindlichen Propaganda einfach von rechts. So pflegte das in Rom regierende Lega-Personal radikale Töne, nach dem Motto: Wer laut genug ist, wird garantiert nicht überhört.

Ihre Minister vertraten jedoch weiterhin offensiv die Interessen des Stammlandes – wo Berlusconi übrigens darauf verzichtete, der Lega Konkurrenz zu machen, weil es seine virtuelle Partei »Volk der Freiheit« ohnehin nicht mit den inzwischen tief verwurzelten Regionalfürsten aufnehmen konnte. Bossi verstand es seinerseits hervorragend, seine Abhängigkeit von Berlusconi zu verschleiern. Stattdessen suggerierte er, die Lega diktiere weitgehend das Programm in Rom.

Wenn das in Vergessenheit zu geraten drohte, reichte ein kerniger Spruch, und der Lega-Chef hatte wieder alle Aufmerksamkeit für sich. SPQR, die lateinische Abkürzung für Senatus Populusque Romanus (Senat und Volk der Stadt Rom), bedeute in Wirklichkeit »Sono Porci Questi Romani«, tönte Bossi einmal: Diese Römer sind Schweine.

Ein Sturm brach los, entfacht von allen Medien des Landes, die hinter der neuesten Bossi-Zote willig alle anderen Themen verschwinden ließen. Der römische Bürgermeister Gianni Alemanno, ein früherer Neofaschist, protestierte ziemlich halbherzig, feierte aber dann umso entschlossener mit dem Provokateur Versöhnung. Auf der Piazza Montecitorio vor dem Parlament wurden lange Tische eingedeckt, und Bossi und Bürgermeister Alemanno tafelten zusammen mit Ochsenschwanz (Rom) und Polenta (Padanien), unterstützt von ihrem ebenfalls schmatzenden Anhang. Das Mittagsmahl geriet zu einem ziemlich unwürdigen Spektakel, als eine rechte Politikerin Bossi die besten Bissen in den Mund schob und das Lega-Volk dazu die üblichen Parolen brüllte. Natürlich bekam diese Schmierenkomödie Platz eins in den Fernsehnachrichten: Bossi hatte es wieder einmal geschafft.

In Wirklichkeit ist dieser Charismatiker mit dem ewigen Halbstarkencharme der eigentliche Erfinder der italienischen Unterhaltungsdemokratie. Mit ihren gezielten Provokationen beherrscht die Lega perfekt die Klaviatur des Populismus. Ihre Inszenierungen haben im Gegensatz zur glatten Polit-Seifenoper des Berlusconi-Volks immer etwas amateurhaft Ungehobeltes und wirken deshalb umso authentischer. Da ist zum Beispiel das Jahresfest in Pontida bei Bergamo – dem Ort, wo die lombardischen Städte 1167 jene Liga gegen Kaiser Barbarossa beschworen, auf die sich die Lega Nord bezieht. Dieser »Gründungsmythos« hat für Bossis Anhänger längst parareligiöse Züge, die durch »rituelle Handlungen« wie die »Taufe mit Po-Wasser« noch betont werden. Die Ideologie der Lega benötigt martialisch-folkloristische Symbole, wie den »Carroccio«, den Fahnenwagen, den die lombardische Liga einst gegen Barbarossa verteidigte. Kernstück dieser Ideologie ist der Zusammenhalt des wehrtüchtigen und ökonomisch potenten »padanischen Volkes« gegen äußere Eindringlinge, die heute, anders als im Mittelalter von Süden kommend, Padanien bedrohen.

Männer wie Veronas »Sheriff« Flavio Tosi sind dabei für die Lega Symbolfiguren, denen angeblich die physische Verteidigung des »Territoriums« zukommt. Unterstützt werden sie von so genannten »Bürgerwehren«, die als Uniform grüne Hemden tragen. Wobei die martialische Haltung der Lega-Männer bislang auf verbales Muskelspielen beschränkt blieb – zu regelrechten Hetzjagden auf Ausländer kam es eher weitab von Lega-Land, in Rom und in Süditalien.

Die Lega hat ihre Region strikt unter Kontrolle, scheint es, und tatsächlich wähnt sich Padanien längst außerhalb von Italien. Demonstrativ bleiben etwa die Lega-Minister den offiziellen Veranstaltungen zum italienischen Nationalfeiertag am 2. Juni fern, demonstrativ boykottieren sie auch die Feierlichkeiten zum 150. Jahrestag der Reichsgründung. Die Lega-Männer singen die Nationalhymne nicht mit und verachten die italienische Trikolore-Fahne, Parteichef Bossi hat deshalb mehrere Prozesse wegen der Beleidigung staatlicher Symbole hinter sich. Einmal forderte er eine Dame auf, sie solle ihr mitgebrachtes Italien-Banner »am besten ins Klo werfen«.

Denn natürlich hat die Lega ihre eigene Fahne. Schlicht müssen die Zeichen sein und möglichst einprägsam, damit man die eigene Anhängerschaft nicht intellektuell überfordert, eine Mischung aus Kelten-Folklore und Mittelalter-Disneyland, anderen rechtspopulistischen Bewegungen Europas nicht unähnlich. Deshalb hat Bossi den Fluss Po zum »Flussgott« verklärt und eine fünfblättrige, stilisierte grüne Blüte zur »Alpensonne« ausgerufen, eine Art »Markenzeichen« der Lega Nord. Solche Embleme wirken derart identitätsstiftend, dass einfache Gemüter sie gar nicht mehr als Parteisymbole verstehen, sondern als überkommene Relikte der heimischen Kultur. Wie der Bürgermeister von Adro, Provinz Brescia, der an einer Schule 700 »Alpensonnen« anbringen ließ und bass erstaunt war, als ihm das italienische Schulministerium befahl, die Lega-Propaganda gefälligst wieder abzunehmen – einige Schülereltern hatten sich beschwert.

Das Ansinnen der Lega, in allen Schulen ihres »Territoriums« Unterricht im Dialekt abzuhalten, wurde bislang zurückgewiesen. Eine einzige »padanische« Schule gibt es, die privat geführt ist und von Bossis Ehefrau geleitet wird. Noch ist das selbständige Padanien ein Land der Lega-Phantasie. Aber wie lange noch? Manchmal erscheint jetzt schon Rest-Italien wie eine padanische Provinz, so sehr dominieren die Lega-Männer die Bühne des Landes.

Da wäre zum Beispiel der »Minister für Vereinfachung«, ein Amt, das dringend an George Orwell gemahnt und das von dem Lega-Politiker Roberto Calderoli ausgefüllt wird. Der studierte Arzt erklärte sich für verheiratet, nachdem man ihm seine Gattin mit dem »keltischen Eheritus« angetraut hatte – einen Standesbeamten der Republik Italien wollte der Minister aus politischen Gründen nicht. Calderoli ist in der italienischen Postdemokratie der Spezialist für Eklats aller Art.

Als der bullige Lega-Mann im Fernsehen ein T-Shirt mit einer Mohammed-Karikatur trug, löste das in Libyen wütende Proteste vor der italienischen Botschaft aus: bei den Unruhen kamen elf Menschen ums Leben. Harmloser gestaltete sich das Happening von »l'eclat c'est moi« auf dem Hof der Feuerwehr in Rom. Vereinfachungsminister Calderoli veranstaltete dort ein riesiges Feuer, um die 375 000 Gesetze zu verbrennen, die er nach eigener Aussage in zwei Jahren Amtszeit abgeschafft hatte. Das älteste dieser verbrannten Gesetze stammte aus dem Jahr 1861 – alle Welt hatte es schon vergessen, als es von Calderoli den Flammen übergeben wurde. Eine gespenstische Show, die nicht nur die Umweltschützer aufbrachte. Die fanden, der Gesetzesfresser habe seinerseits gegen das Abfallgesetz verstoßen, schließlich wird Papier in Italien nicht verbrannt, sondern recycelt. Aber mal ehrlich – wer hätte denn bei einer Reißwolfaktion hingeschaut?

Radaubrüder wie Bossi und Calderoli lenken indes den Blick von der Tatsache ab, dass aus der Protestorganisation Lega Nord längst eine etablierte Kraft geworden ist. Im italienischen Parlament ist sie sogar die älteste der vertretenen Parteien, und als alteingesessener Verband beansprucht sie inzwischen ihren Teil an der Macht, egal ob im Staatsfernsehen RAI oder in staatlichen und halbstaatlichen Unternehmen. »Und jetzt wollen wir eine Bank«, ließ sich die Lega nach einem nationalen Wahlsieg vernehmen, tatsächlich üben Leute wie Flavio Tosi über die Sparkassenstiftungen großen Einfluss auf die größte italienische Bank Unicredit aus. Die Lega Nord betreibt zwar weiterhin ihre folkloristische Propaganda gegen Staat und Establishment – weil ihre Führer glauben, nur so im Berlusconismus überleben zu können. Doch gerade weil sie so etabliert und bodenständig ist, hat diese Regionalpartei auch jenseits des Berlusconismus eine Zukunftsperspektive. Sogar mit Männern wie Flavio Tosi.

Kapitel II

MAILAND: DIE MACHT DER FAMILIEN

Eine Stadt zwischen Moratti und Berlusconi

Zwei Stunden von Verona auf der Autobahn, eine Stunde im Stau, und da ist der Dom, die filigrangotische Himmelsstürmerkathedrale von Mailand. Und hinter dem Dom, irgendwo hinter dem undurchdringlich wirkenden Granitpalazzo, wartet Moratti. Ein Name, den in Mailand jeder kennt, man kommt nicht an ihm vorbei, egal, ob es um Wirtschaft geht, um Fußball oder um Politik. Die Morattis sind für Mailand heute das, was früher einmal die Sforza waren, nur eben nicht adlig und natürlich keine Feudalherren. Ihre Macht ist ebenso unaufdringlich wie ungeheuer, ebenso diskret wie allumfassend, dabei beherrschen sie die Stadt nicht aus Schlössern, sondern aus Büros. Im Rathaus gegenüber dem weltberühmten Opernhaus Scala residiert die Bürgermeisterin Letizia Moratti. Am Dom ihr Mann, der Erdölmagnat Gian Marco Moratti. Und auf halber Strecke, mitten im Stadtzentrum, haben die beiden ihre Wohnung. »Dort, auf der anderen Straßenseite«, sagt Gian Marco Moratti und streckt den Zeigefinger aus. »Kommen Sie, man kann es vom Balkon sehen« – wenn man ein wenig um die Ecke schaut.

Bei den Morattis ist nämlich alles ein wenig versteckt.

Sie regieren Mailand wie an unsichtbaren Fäden, sie stecken überall drin und mischen überall mit, und doch scheinen sie obendrüber zu schweben. Wie Gian Marco in seiner Konzernzentrale, die man erst findet, wenn man schon ein paar Mal um den Block großer grauer Häuser gelaufen ist. Der Eingang: versteckt. Die Eingangshalle: nicht existent. Es gibt nur ein Pförtnerkabuff. Im Lift geht es nach oben. Und Doktor Moratti hat noch nicht einmal ein Vorzimmer. Er steht einfach im Türrahmen zu seinem Büro.

Ein zierlicher Mann um die siebzig, un signore: ein Herr. So unscheinbar, dass man unwillkürlich an ihm vorbeischaut auf das Bild, das hinter ihm die Wand beherrscht. Es ist das überdimensionale Porträt eines jungen chinesischen Künstlers, und es zeigt in allen Grau-Abstufungen Morattis, von buschigen Brauen dominiertes Gesichtsoval, die vollen Lippen, die kleinen Ohren. Fast wie ein Popstar sieht er darauf aus, und sind die großen italienischen Magnaten nicht irgendwie auch Popstars? Spätestens seit Andy Warhol den damaligen Fiat-Chef Gianni Agnelli gemalt hat, mit grauen Schläfen, Ladykillerblick und Zigarette. Moratti spielt in derselben Liga, ihm und seinen Geschwistern gehört Saras, die größte Raffinerie im Mittelmeerraum. Er ist der große Bruder einer der reichsten und mächtigsten Familien Italiens.

Man könnte sagen, Italien fährt und heizt mit dem Petroleum der Morattis, und darüber hinaus fiebert ein guter Teil Italiens auch noch mit dem Fußballklub der Morattis, dem FC Internazionale. Angeblich gibt es acht Millionen Inter-Mailand-Fans. Die Morattis sind die Anti-Agnellis – dem Turiner Autobauer-Clan gehört neben

Fiat auch der Fußballrekordmeister Juventus Turin –, sie sind aber vielleicht auch die besseren Agnellis, denn Skandale wie bei den Nachbarn gibt es bei den Morattis nicht. Ihre Erben stürzen sich nicht von Autobahnbrücken, lassen sich nicht nachts im Drogenrausch bei Männern mit Brüsten auffinden und verklagen erst recht nicht die eigene Mutter. Bei den Agnellis ist das alles schon passiert. Bei den Morattis wäre es undenkbar, nicht nur, weil Gian Marcos erste Frau Lina Sotis als Verfasserin einer Benimmfibel berühmt wurde.

Und so fällt Gian Marcos Begrüßung formvollendet aus, höflich und kein bisschen unterkühlt. Kaum hat man Platz genommen in einem der kleinen, nicht zu weichen Sessel, da sagt er: »Wissen Sie eigentlich, dass mein Vater mich in ein Schweizer Internat geschickt hat, weil ich zu Hause lieber Fußball spielte und ins Stadion ging, anstatt zu pauken?« Und da ist man schon mittendrin, wie ein zusätzlicher Gast am Sonntagmittag, ein Zuhörer mehr am großen Esstisch, wo zum dampfenden Braten die Familiengeschichten gereicht werden. Tatsächlich haben die Morattis aber sonntagmittags für ein großes Essen kaum Zeit. Die eine Hälfte der Familie geht zum Fußball, die andere besucht in der Nähe von Rimini die Comunità di San Patrignano, eine Gemeinschaft für Drogenabhängige. Dorthin fahren Gian Marco und seine Frau Letizia, die Bürgermeisterin ist auch Botschafterin eines UN-Drogenprogramms. Irgendwas muss man ja tun, brummt Gian Marco und macht eine beschwichtigende Handbewegung. Er selbst habe schon Arbeiter seiner Firma zu San Patrignano geschickt. Drogensüchtige, die dort geheilt wurden. Drogensüchtige bei Saras, um die sich der Chef persönlich kümmert.

Wo waren wir stehen geblieben? Man weiß ja gar nicht, wo man anfangen soll. Also vielleicht mit den Zahlen. 104 Millionen Barrel Rohöl raffiniert Saras auf Sardinien, mehr als 300 000 pro Tag. Das Unternehmen hat 1800 Mitarbeiter und einen Jahresumsatz von sechs Milliarden Euro. Neuerdings wird auch in alternative Energien investiert. Den Morattis gehört seit 2005 der Windpark im sardischen Ulassai, der 72 Megawatt produziert. In Spanien, ihrem wichtigsten Auslandsmarkt, bauen die Italiener eine Biodieselanlage. Nach China haben sie gerade eine Luftverschmutzungs-Messanlage verkauft. »Dort ist die Nachfrage enorm, das können wir kaum erfüllen.«

China! Daran hatte Gian Marcos Vater Angelo Moratti nun wirklich nicht gedacht, als er nach dem Krieg seine erste Raffinerie auf Sizilien eröffnete. Vierhundert Jahre lang waren die Morattis Bauern in der Provinz Bergamo gewesen, hatten ihre Söhne auf die Felder geschickt und ihre Töchter ins Kloster, dann kamen Angelo und sein Drang in die große, weite Welt. Mit zwölf Jahren arbeitete er schon in einer Messingfabrik, mit vierzehn verließ er die Familie und ging auf und davon. »Er verstand sich nicht mit seiner Stiefmutter«, sagt leise Gian Marco, »das war eine harte Frau.« Und vor harten Frauen muss man weglaufen.

Es war das Jahr 1923, und der Teenager Angelo Moratti wollte nach Amerika auswandern. Er kratzte sein Geld zusammen für die Schiffsüberfahrt und fuhr nach Genua, wo der Dampfer ablegen sollte. Aber man hatte ihn betrogen, das Ticket galt nicht. »Nach vier Tagen Warten, als er hungrig und verzweifelt war, sprach ihn vor einer Kneipe am Hafen ein Bettler an. Er fasste ihn an die Jacke und sagte zu meinem Vater: Hör mal, ich beobachte dich seit Tagen. Du bist anders als die anderen. Du hast eine große Zukunft. Fahr nach Hause und suche dir eine anständige Arbeit. Und dann gab der Bettler meinem Vater Geld.«

Es ist ein Gründungsmythos von Erweckung und Sendung, er hat fast etwas Religiöses. Kann schon sein, sagt Gian Marco Moratti. »In meiner Familie sind alle ziemlich religiös.« Katholisch. Und natürlich für Inter. Was die Politik angeht, da gibt es zwei ganz verschiedene Konfessionen. Gian Marco und Letizia sind stramm konservativ, deshalb machte Letizia Moratti Karriere mit Silvio Berlusconi. Sie war RAI-Präsidentin, Schulministerin, jetzt ist sie Bürgermeisterin, nie hat sie dabei große programmatische Reden geschwungen. Letizia Moratti ist eine Dame mit einem eisernen Willen, einem jugendlich drahtigen Körper und einem stählernen Lächeln. Eher Managerin als Politikerin. Ihr Mann Gian Marco sagt über sie: »Sie tut Mailand gut.« Er sagt auch: »In Italien herrscht eine Mentalität, die antiindustriell ist, eine Mentalität des Marxismus-Leninismus.«

Der Satz schwebt einen Moment lang im Raum, bis man ihn geschluckt hat. Dass Italien ein kommunistisch geprägtes Land gewesen sei, behauptet auch Berlusconi. Der Antikommunismus ist sogar ein bestimmendes Element des Berlusconismus – man muss wohl daran glauben, denn nachweislich wurde die Republik seit Anbeginn von Christdemokraten regiert, die Kommunisten aber waren stets in der Opposition. Überdies gibt es die KPI seit fast zwanzig Jahren nicht mehr, und selbst die kleine nostalgische Nachfolgepartei Rifondazione Comunista ist inzwischen aus dem Parlament verschwunden. Aber der Einfluss der Gewerkschaften, sagt Moratti. Ohnehin sei das mit dem Kommunismus eher »eine Frage der Mentalität«. Eine weit verbreitete Mentalität, denn für italienische Industrielle sei alles viel schwieriger als in anderen Ländern. »Man sieht ja, wie viel Erfolg unsere Unternehmen haben, wenn sie ins Ausland gehen.«

Diese Klage führen italienische Unternehmer in der Tat oft – dabei genießen Wirtschaftskapitäne nirgendwo anders in Europa einen Stellenwert wie im Italien Berlusconis, wo ja ein Unternehmer seit vielen Jahren die politische Bühne beherrscht (zwei Mal besiegte ihn allerdings der biedere Ökonomieprofessor und Staatsmanager Romano Prodi). Unter Berlusconi avancierte die Figur des kapitalistischen Unternehmers zur Lichtgestalt, gnadenlos überlegen jenen grauen Parteifunktionären und Berufspolitikern, die »nichts anderes können als Politik«. Der Antikommunist Berlusconi trat an, um Italien vom Kommunismus zu befreien, und wandelte dann das Land zur Firma Italia – geführt von einem Supermanager, der seine Fähigkeiten bereits bewiesen hatte, indem er allen kommunistischen Widrigkeiten zum Trotz Milliardär wurde: ihm selbst.

In diesem Weltbild ist das Parlament nur eine Schwatzbude, die den Chef vom Arbeiten abhält, mit Abgeordneten, die genauso überflüssig sind wie ein Betriebsrat. Der Berlusconismus ersetzte politische Programme durch Erfolgsbilanzen, Ideen durch Aktienkurse und die Kommunikation mit den Wählern durch perfekt gestylte Werbespots.

Recht bald hatte der Erste Unternehmer im Land allerdings auch diese »Kollegen« in Anhänger und Gegner gespalten. Die Anhänger versuchten von der staatsfeindlichen Ideologie des Antikommunisten Berlusconi zu profitieren, um nach seinem Vorbild und durchaus in seinem Schatten vor allem Eigeninteressen zu pflegen. Zu den Kritikern gehörte der Ferrari-Chef und ehemalige Fiat-Präsident Luca Cordero di Montezemolo, der mit »Italia Futura« (zukünftiges Italien) sogar ein Think Tank der Berlusconi-Kritiker gründete. Und das zu einem Zeitpunkt, da Fiat längst als »feindliches Unternehmen« galt – zur Beerdigung von Gianni Agnelli hatte sich Berlusconi zum Dom von Turin in provozierender Absicht in einem Audi chauffieren lassen, was ihm Pfiffe einbrachte, die er nie vergaß. »Italien ist keine Bananenrepublik«, hatte Gianni Agnelli versichert, als sich das Ausland perplex zeigte über Berlusconis Aufstieg. Doch bald war das Verhältnis zwischen Agnelli und Berlusconi belastet, nach dem Tod des Patriarchen sogar derart zerrüttet, dass hochrangige Fiat-Manager wie Sergio Marchionne politische Kritik übten. Italien habe seinen Kompass verloren, sagte Marchionne einmal: »Es ist, als wenn jemand die Käfige im Zoo geöffnet hätte und alle Tiere sind abgehauen.«

Zu Berlusconis Gegnern zählten außer den Fiat-Leuten der Luxusmodenhersteller Diego Della Valle (Tod's) und der Kaffee-König Riccardo Illy aus Triest, der viele Jahre für die linke Mitte die Region Friaul-Julisch Venetien regierte. Auch einige Bankiers äußerten offen Kritik am Berlusconismus, allen voran der langjährige Chef der Großbank Unicredit, Alessandro Profumo. Und als Emma Marcegaglia, die Präsidentin des Unternehmerverbandes Confindustria, dem Regierungschef allzu offenkundig entgegentrat, startete die Berlusconi-Zeitung *Il Giornale* eine Hetzkampagne gegen die Industrielle. Denn nichts musste Berlusconi gefährlicher erscheinen als der Widerstand in den Reihen der eigenen »Kollegen« und Konkurrenten.

Bei den Morattis verläuft die Trennlinie zwischen Berlusconi-Anhänger und Berlusconi-Kritiker durch die eigene Firma und durch die eigene Familie. Denn während Gian Marco und seine Gattin Letizia auf Berlusconi setzen, haben Massimo Moratti und seine Frau Milly ganz andere Ideen.

Massimo Moratti ist seit 1995 Besitzer und Präsident von Inter Mailand. Von ihm wird erzählt, dass er einen Briefwechsel mit dem mexikanischen Revolutionär Subcomandante Marcos unterhalten habe, denn der Indio-Guerilla ist ein großer Fan des Inter-Kapitäns Javier Zanetti. Ein Freundschaftsspiel zwischen Internazionale und einer Mannschaft der »Befreiungsarmee« kam zum Bedauern des Subcomandante nicht zustande. Und wahrscheinlich zur sehr großen Erleichterung von Letizia Moratti.

Die hat bereits mit ihrer Schwägerin Milly genug Probleme. Milly ist das Gegenteil von Letizia, schon äußerlich ist sie ebenso verwuschelt-alternativ wie die Schwägerin klassisch-streng. Die Bürgermeisterin bewegt sich nur mit Chauffeur, die promovierte Physikerin fährt grundsätzlich mit dem Fahrrad durch Mailand. Milly fordert von Letizia mehr Radwege, was für die Gattin eines Petrolmagnaten ja eher ungewöhnlich ist. Sie ist links. Und sie hat für die Linke sogar gegen ihre Schwägerin kandidiert.

Sprengstoff für die Familie? Ach woher, sagt Gian Marco. »Wir sind ein Clan. Zwei Brüder, ein Adoptivbruder und drei Schwestern. Natürlich sind wir sehr verschieden voneinander. Aber wir mögen uns. Und wir sind füreinander da.« Nicht die Politik hat Macht in dieser Familie, dafür hat diese Familie mehr Macht als Politik.

Andere Familien hat Berlusconi entzweit, allen voran die seines früheren Freundes und Gönners Bettino Craxi. Der Sozialist Craxi war der mächtigste Mann der Mailänder Politik, ihm hat Berlusconi seinen eigenen Aufstieg zu verdanken. Denn der Unternehmer Berlusconi wurde groß von Craxis Gnaden, als italienischer Ministerpräsident schneiderte der Sozialist die Rundfunkgesetze maßgerecht für Berlusconis Firma. Später entzog sich Craxi den Gefängnisstrafen für seine mannigfachen Korruptionsaffären durch die Flucht nach Tunesien und starb im »Exil«. Freund Berlusconi mutierte rasch vom Sozialisten zum Rechtspopulisten, er flüchtete vor der Justiz in die Politik, um sich dort als Ministerpräsident fortan die Gesetze für die eigene Firma maßzuschneidern. Craxis Tochter Stefania folgte Berlusconi und wurde Staatssekretärin im Außenministerium. Craxis Sohn Vittorio, genannt Bobo, ging in die Opposition. Die beiden Craxi-Kinder sprachen bald nur noch über ihre Anwälte miteinander.

Undenkbar wäre das bei den Morattis. Sie sind ein italienischer Unternehmerclan wie aus dem Bilderbuch, steinreich und generös, engagiert und doch tolerant, ausgestattet mit einem Schuss Unkonventionalität. Und mit Prinzipien. Überliefert wird, dass der studierte Politikwissenschaftler Massimo Moratti einmal von Fußballfunktionären der Islamischen Republik zum Lokalderby in Teheran eingeladen wurde – um wutschnaubend das Stadion zu verlassen, als er feststellen musste, dass dort ein Einlassverbot für Frauen galt. Auch für seine Frau Milly.

Im Gegenzug reagierte Letizia Moratti säuerlich, als sie von ihrem Gönner Silvio Berlusconi zum Champions-League-Finale AC Mailand – Liverpool nach Athen eingeladen wurde: »Ein reiner Pflichttermin.« Berlusconi gehört der AC Mailand, wie ihm halb Mailand gehört. Die andere Hälfte ist Moratti. Nicht zuletzt deshalb hat die linke Mitte immer wieder versucht, Massimo Moratti als ihren Kandidaten zu gewinnen. Es wäre perfekt und unerhört zugleich gewesen, ein Duell in der Familie, ein Lokalderby Inter gegen Milan, Erdöl gegen Fernsehen, Fahrrad gegen Karosse. Aber Massimo Moratti lehnte ab. Die Morattis brauchen die Politik nicht. Sie nutzen sie höchstens. Das haben sie mit den Agnellis in Turin gemeinsam, die lange Zeit als heimliche Könige Italiens galten, ohne jemals offiziell politische Macht zu besitzen.

Die Politik nicht zu benötigen, aber zu benutzen, unterscheidet die Morattis hingegen von ihrem Freund und Rivalen Berlusconi. Der zog selbst in die Politik, um das Land nach seinem Modell zu formen. Das gelang ihm auch deshalb so gründlich, weil Leute wie die Morattis und die Agnellis ihn nicht daran hinderten. Sie unterschätzten Berlusconi, in ihren Augen war er nur ein Parvenü, einer der vielen Erfüllungsgehilfen des Industrieadels, in dessen großen und mächtigen Familien ganz eigene Gesetze herrschen. Die Agnellis und Morattis irrten. Natürlich werden sie diesen Irrtum nie eingestehen. Sie warten einfach auf bessere Zeiten. Darauf, dass der Parvenü abtritt und aufhört, das Image Italiens kaputt zu machen. Denn darunter leidet die alte Führungselite aus dem Norden tatsächlich ganz enorm: Dass man sie mit ihm identifiziert.

Oder dass man ihre Kinder mit seinen Kindern vergleicht. In den Augen der Agnellis und Morattis muss auch die zweite Berlusconi-Generation als unfassbar parvenühaft erscheinen.

Die älteste Tochter, Marina Berlusconi, ist als Chefin des Firmenimperiums Fininvest und Präsidentin des Großverlags Mondadori eine der mächtigsten Frauen Europas. Aber sie hat einen Balletttänzer geheiratet, ihr maskenhaftes Gesicht gleicht durch die vielen Eingriffe der Schönheitschirurgie dem eines alternden Varieté-stars. So sitzt sie zwar als erste Frau im Vorstand der Geschäftsbank Mediobanca – doch das ist noch lange keine Eintrittskarte in die Mailänder Elite. Denn diese Elite pflegt ein gewisses Understatement, auch in Äu-ßerlichkeiten. Was dazu führt, dass auch Marinas Bruder Piersilvio nicht so ganz dazugehört. Der ist als Chef des Privatsenders Mediaset zwar eine große Nummer, aber verheiratet ist er mit einem Showgirl aus seinem eigenen Fernsehprogramm.

Gian Marcos ältester Sohn Angelo war mit Roberta Ar-mani verheiratet, der Nichte und Erbin des Modeschöp-fers Giorgio Armani. »Die Morattis sind eine Familie mit einem starken Sinn für Ethik und Moral«, sagte Signora Armani. »Sie haben mir beigebracht, anderen Menschen sehr viel Aufmerksamkeit entgegenzubringen. Aber sie haben auch viel Selbstironie und machen keine Dramen.« Angelo Moratti ist inzwischen Vizepräsident von Saras, und auch Massimos Sohn Marioangelo, genannt Mao, sitzt im Management der Familienfirma. So geht die Moratti-Saga mit den vier Kindern Gian Marcos und den fünf Kindern Massimos wohl in die dritte Generation. Bescheiden seien sie geblieben, sagen ihre Mitarbeiter, bei allem Reichtum ihrer einfachen Herkunft verhaftet. Anders als Berlusconi sei ihnen zur Schau gestellter Lu-xus zutiefst zuwider. Keine Schlösser, keine Villen, kein Privatjet.

Fragen danach wischt Gian Marco Moratti mit einer Handbewegung weg. »Übermorgen fahre ich auf eine Plattform im Polarkreis«, sagt er dann und schüttelt sich theatralisch. »Brrr, das wird kalt. Und ein Spaß! Mitten im Meer auf einer Stahlinsel zu sein und zuzuschauen, wie Öl aus dem Meeresboden geholt wird: das ist Luxus.«

Wenn man verstehen will, was Moratti und Berlusconi unterscheidet, muss man nur in die nördliche Peripherie von Mailand fahren, nach Arcore bei Monza. Arcore hat keinen Dom, dafür aber fünf alte Adelspaläste. Einer davon ist weltbekannt: Villa San Martino. Die berühmteste Privatwohnung Italiens, ein Synonym wie Downing Street No. 10, und mindestens so telegen. Eine gelbe Fassade mit grünen Fensterläden, eingerahmt von einer kleinen Zufahrtsallee hinter einem großen Eisentor: Silvio Berlusconis Residenz. Jeden Sonntag verbringt er hier, meistens auch noch den Montag. Und Montagabend isst er mit seinem engsten Verbündeten Umberto Bossi, ein Männerabend mit Speisen ohne Knoblauch. Gegen nichts ist Berlusconi so allergisch, noch nicht mal gegen Kommunisten.

»Berlusconi ist hier in allen Köpfen«, sagt die Wirtin der Kaffeebar »Il Cortiletto« ein paar Schritte weiter und tippt sich an die Stirn. »Dort hat er sich festgesetzt, tief drin. Die Leute in Arcore denken, er sei ihr Wohltäter. Sie sind ihm auf den Leim gegangen wie so viele Italiener.« Ja, ist sie denn nicht stolz auf einen so berühmten Nachbarn?

Die Augen der Wirtin sprühen vor Entrüstung. »Nachbar? Na, hören Sie! Hat uns vielleicht einer gefragt, ob wir seine Nachbarn sein wollen? Außerdem sehen wir ihn nie, von wegen Nachbarschaft. Oder meinen Sie, Berlusconi macht hier einen Zug durch die Gemeinde, kauft sich eine Zeitung am Kiosk und trinkt einen Kaffee in meiner Bar?«

Nie sieht man Silvio Berlusconi vor dem Eisentor der Villa San Martino stehen wie den englischen Premier vor seinem Haus in Downing Street. Stattdessen zeigt das Fernsehen nur, wie sich das Tor ähnlich einer Zugbrücke zu einer Burg öffnet, um die schweren Autos der Gäste einzulassen. Manchmal, vor allem in den Anfangsjahren des Berlusconismus, zeigte das Fernsehen den Hausherrn, der mit perfekt geschminktem und ausgeleuchtetem Gesicht vor einer Bücherwand saß und flammende Ansprachen gegen jene Mailänder Staatsanwälte hielt, die es wagen wollten, ihm den Prozess zu machen. Vor diesem Bücherregal in Arcore ließ Berlusconi auch die Videokassette aufnehmen, in der er 1993 seinen Einstieg in die Politik verkündete. Das Staatsfernsehen und natürlich sein eigener Sender Mediaset strahlten das Video in voller Länge aus, und mit einem Schlag war Arcore weithin bekannt.

Eine Kleinstadt, 17 000 Einwohner, zwanzig Zugminuten von der Piazza Garibaldi in Mailand entfernt. Nördlich der Bahnlinie liegen Wohnviertel und ausgedehnte Parks, südlich Industrieansiedlungen. Das Großunternehmen Falck produzierte in Arcore Stahlrohre, Peg Perego Kinderwagen, auf dem Gelände des früheren Motorradherstellers Gilera haben sich kleinere Unternehmen angesiedelt. Der Ort prosperiert, die Immobilienpreise sind hoch, dabei ist die Stadt abseits der Villen und des Stadtparks mit den Ausmaßen des Münchner Englischen Gartens von durchschnittlicher Hässlichkeit.

Bei Berlusconis wird gerade die Hecke gesäubert. Ein Gärtner, von Kopf bis Fuß grün gekleidet, saugt Laub vom Boden und aus dem Gezweig, konzentriert und bedächtig, Blatt für Blatt. Der Laubsauger macht einen Höllenlärm, er ist lauter als das Motorengeräusch der beiden Rasenmäher-Traktoren, die das Gras unter den turmhohen Zedern kappen und einen Specht vertreiben.

Vor dem Haupteingang der Villa San Martino parken vier Streifenwagen. Die Carabinieri stehen draußen, mit Maschinenpistolen und kugelsicheren Westen bewachen sie einen Klingelknopf, auf dem kein Name steht. Sie sagen, es sei keiner da, »und deshalb brauchen Sie auch nicht zu klingeln«. Keiner da in 147 Zimmern, die einst dem Grafen Casati Stampa gehörten, bis sich im Jahr 1970 eine bizarre Familientragödie ereignete. Camillo Casati hatte seine sehr viel jüngere Ehefrau immer wieder in Verhältnisse mit anderen Männern getrieben und sich an den Spielen der Gattin mit ihren Liebhabern voyeurhaft ergötzt. Doch als seine Frau sich dabei einmal ernsthaft verliebte, erschoss der Graf das Paar und sich selbst. Die Villa San Martino fiel an seine Tochter Annamaria, als deren Vormund Cesare Previti agierte.

Damals war Previti ein erfolgreicher Rechtsanwalt in Rom. Er arbeitete schon für den Bauunternehmer Berlusconi, später sollte er an der Seite seines Mandanten in die Politik ziehen und bis zum Verteidigungsminister der Republik Italien aufsteigen, bevor er wegen Richterbestechung rechtskräftig verurteilt wurde. Die Korruption, so steht es im Urteil, soll Previti für Berlusconi und dessen Fininvest begangen haben.

Ein Anwalt, der Berlusconi zu allen Zeiten treu ergeben war. Und der sein Mündel Annamaria Casati dazu brachte, den Familienbesitz an den aufstrebenden Sohn eines Bankangestellten zu verkaufen. 1973 ging die Villa San Martino an Berlusconi, angeblich für den Gegenwert einer Vierzimmerwohnung in einer zentralen Gegend von Mailand. Previti hatte dafür gesorgt, dass sein Freund Berlusconi noch nicht einmal ein Zehntel des realen Werts der Immobilie zahlen musste.

Der Mann, der nun als Schlossherr in Arcore residierte, war als Bauunternehmer in einem anderen Teil der Mailänder Peripherie höchst erfolgreich. Mit Milano Due hatte Berlusconi sein eigenes Stadtviertel geschaffen, von Arcore aus machte er sich nun daran, den italienischen Äther zu erobern. In seiner ersten Villa residierte Berlusconi wie ein Edelmann vergangener Zeiten. Gäste jener Jahre erinnern sich an den zur Schau gestellten Reichtum, an chinesische Vasen, wertvolle Gemälde, prachtvolle Teppiche und an einen weißen Konzertflügel, an dem der Hausherr seine Lieblingslieder zum Besten gab.

Wirklich sagenumwoben an der Villa ist jedoch der Park hinter der hohen Hecke. Dort befindet sich das so genannte Mausoleum des Bildhauers Michele Cascella, eine pyramidenförmig angelegte unterirdische Grabstelle für Silvio Berlusconi, seine Angehörigen und seine engsten Mitarbeiter und Freunde. Fedele Confalonieri soll einen Platz reserviert haben, der langjährige Leiter des Fininvest-Konzerns und frühe Kollege Berlusconis bei seinen ersten Jobs als Animateur auf Kreuzfahrten. Außerdem Adriano Galliani, Berlusconis Vikar beim AC Mailand, vormals als Antennenverkäufer in der Lombardei die tragende Säule seines Privatfernseh-Imperiums. Und Marcello Dell'Utri, der Freund aus Studientagen, späterer Werbemanager und Theaterdirektor, der mit

Berlusconi die Partei »Forza Italia« gründete und wegen Mafia-Zugehörigkeit von einem Gericht auf Sizilien verurteilt wurde. All diese Männer sollen in der Villa San Martino ruhen, von Ewigkeit zu Ewigkeit, und das, sagt der zuständige Sachbearbeiter im Bauamt der Stadt Arcore, sei völlig legal und keineswegs abwegig. »Es ist überhaupt nichts Ungewöhnliches, ein Familiengrab im Garten anzulegen. Die großen Adelsgeschlechter in Norditalien haben das immer so gehandhabt.« Die großen Feudalherren Italiens sowieso.

Kapitel III

FLORENZ: »NUR KOMMUNISTEN SPIELEN DEFENSIV«

*Warum der Fußball im Spätfeudalismus sein
Publikum nicht vermisst*

Was der Fußball mit Florenz zu tun hat? Ganz einfach, er
ist hier erfunden worden. Glauben wenigstens die Florentiner (wenn es nach ihnen geht, ist in ihrer kleinen,
aufgeräumten Stadt sowieso eine ganze Menge erfunden
worden). Dieser Ballsport, der einst die Medici ergötzte,
hat sogar als »calcio fiorentino« überdauert und wird
in jedem Sommer in einem Turnier zwischen den Florentiner Stadtvierteln wieder aufgeführt, wobei das für
Außenstehende weniger nach Fußball aussieht als nach
einer ziemlich rabiaten Rauferei. Vielleicht gehört dieses
anrührend antiquierte Spiel doch eher ins Museum als
auf den Platz vor Santa Croce, womöglich wird man das
aber über den Fußball auch bald sagen. Und dazu wird
man über den »calcio italiano« behaupten, er sei von Berlusconi erfunden worden, so etwas Ähnliches behauptet
Berlusconi nämlich auch.

Der junge Engländer allerdings hat davon noch nichts
gehört, er wähnt sich ja selbst als Gesandter aus dem
Mutterland des Fußballs. Gerade hat er sich zum Sta-

dio Artemio Franchi durchgeschlagen, ungefähr zwei Kilometer hinter dem David von Michelangelo und drei Kilometer hinter der Domkuppel von Brunelleschi. Der Engländer ist zu Fuß, Michelangelo und Brunelleschi interessieren ihn weniger – er ist Groundhopper, das sind die Leute, die Stadienbesuche sammeln wie andere Menschen Besichtigungen in den wichtigsten Museen der Welt. Was Museen angeht, spielt Florenz mit den Uffizien in der Ersten Liga, eigentlich ist ja sogar die ganze Stadt ein Freilichtmuseum, ein bisschen verstaubt, sogar ein wenig langweilig, aber wunderschön, eben so, wie man sich in Minnesota oder Dortmund-Hörde die Renaissance mit erstklassigen Schuhläden erträumt.

Der Engländer begehrt Einlass beim Pförtner der Fiorentina, wie der AC Florenz richtig heißt (in Deutschland, wo man ja auch irgendwie glaubt, den Fußball erfunden zu haben, hat sich die Unsitte durchgesetzt, ausländische Vereinsnamen einzudeutschen). Der Pförtner bittet den Groundhopper ins Wartezimmer, das aussieht wie bei einem Privat-Zahnarzt, alles in Weiß und der Vereinsfarbe Lila, mit hervorragenden Sesseln. Die Sessel gehören wie der ganze Verein demselben Mann, es ist der Luxuswarenhersteller Diego Della Valle aus den Marken. Della Valles Angestellter, der Pförtner, sieht sich jetzt das Groundhopperalbum des Engländers an, die Fotos unzähliger Stadien, dazu Eintrittskarten und andere Reliquien. Brasilien und Chile, Südkorea und Spanien, Belgien und Ukraine. Geht in Ordnung, sagt der Pförtner. Du kannst rein. Aber nur einen Moment, hörst du!

Eigentlich ist auch das Stadio Artemio Franchi im Museumsalter. Nichts, aber auch gar nichts in dieser Arena entspricht modernen europäischen Standards, und wenn die Fiorentina, was vorkommt, in der Champions

League spielt, dann sind die Gäste aus den Nachbarländern entsetzt. So was von zugig! Man sieht ja kaum was! Überhaupt kein Komfort! Der Engländer aber macht sein Foto vom leeren Stadion und zieht zufrieden wieder ab. Etwas ratlos schließt der Pförtner hinter ihm das Tor. »Ein Stadion ohne Fußball zu fotografieren, ist das nicht merkwürdig?« Umgekehrt wäre es irgendwie logischer: Fußball ohne Stadion, das ist in Italien nämlich schon längst Realität. Sonntag für Sonntag finden die Spiele vor gähnend leeren Rängen statt, seit Jahren kommen die Klubs kaum über die magische Grenze von 50 Prozent Ausnutzung ihrer Arenen. Noch nicht einmal die großen Traditionsvereine in Mailand oder Turin schaffen es, großes Publikum anzulocken. Juventus Turin hat deshalb das Alpenstadion mit 69 000 Plätzen abreißen lassen, um an seiner Stelle eine Anlage mit der Hälfte der Platzkapazität zu errichten.

Ganz anders wurde das Problem beim Zweitligisten Triestina gelöst: Die Klubleitung kam auf die wahrlich avantgardistische Idee, die Hälfte der 30 000 Plätze in ihrem Stadion zu schließen und mit einer riesigen Plastikleinwand zu überziehen. Auf der waren echte Triestina-Tifosi zu sehen – aber als lebensgroßes Foto. Die 15 000-Plätze-Tribüne zu unterhalten habe ihn 100 000 Euro im Jahr gekostet, rechtfertigte sich der Klubpatron. Da waren seine neuen Plastik-Tifosi natürlich viel besser. Die machten keinen Lärm und keinen Dreck, leider zahlten sie keinen Eintritt, aber da waren die echten Fans auch sehr zurückhaltend: Zum Auftaktspiel vor der Plastiktribüne kamen nur 3810 Zuschauer. Und viele von ihnen erkannten sich in den zweidimensionalen Figuren wieder! Das ist zum einen beruhigend, zum anderen auch ein bisschen verwirrend: Bin ich der Typ auf der Plastikplane?, fragt sich der Fan, und wenn ja, wie viele? Jedenfalls künstlerisch wertvoll, lobte ein Sprecher der Zweiten Liga, und »ästhetisch überzeugend«.

In der Ästhetik des Fußballpatrons (AC Mailand) und Fernsehpräsidenten Berlusconi spielt der leibhaftige Zuschauer die gleiche Rolle wie der leibhaftige Wähler – es sind störende, auf jeden Fall überflüssige Elemente, die man am besten durch ein passives Fernsehpublikum und eine Fernbedienung ersetzt. Die höchste Entwicklungsstufe der Unterhaltungsdemokratie in Berlusconien ist die Entwürdigung des Fans zum Coach-Konsumenten seines Lieblingsvereins, deren populärste Stars längst auch als Werbeikonen in der Halbzeitpause auftreten. Nicht zufällig lösten sich im Berlusconi-Italien die in den 1970er Jahren formierten, organisierten Fangruppen der Ultrà-Bewegung zusehends auf, repräsentierten sie doch eine Abart der Partizipation, die entschieden aus der Mode gekommen war.

Hinzu kam die Kriminalisierung jener Ultrà-Gruppen, die anfangs den italienischen Rechtspopulismus mit seinen revisionistischen Ideen in die Stadien getragen hatten. Als die Kurven stramm rechts tickten, hatten die Schmuddelkinder ihre Schuldigkeit getan und mussten gehen. Man schloss sie nun systematisch vom Spiel aus, wenn sie nicht artig waren. Und am liebsten hätte die regierende Rechte auch andere Spielverderber vom Spaß ausgeschlossen – nicht von ungefähr hatte der Innenminister die Eingebung, radikalen Studenten der Protestbewegung für Jahre den Stadionbesuch zu verbieten. Dieser Erlass wurde gerade noch verhindert, er wäre nämlich der endgültige Beweis dafür gewesen, dass der

Fußball in Italien zum Spielball der Mächtigen degeneriert war. In diesem System werden die Zuschauer nicht wie Kunden behandelt, die für ein Unterhaltungsprodukt gesalzene Preise zahlen, sondern eher wie Mitglieder einer religiösen Gemeinde, deren Guru nicht etwa der Superstar der Mannschaft ist, sondern der Vereinspräsident.

In Italiens Fußball bestehen hartnäckig jene traditionellen Strukturen weiter, in denen ein Großunternehmer und Mäzen sein Geld in einen Klub pumpt, den er im Gegenzug nahezu unumschränkt beherrscht und der ihm eine riesige Popularität verleiht. Das deutsche Vereinsprinzip und der britische Investorenfußball sind von diesem archaischen System Lichtjahre entfernt. In Berlusconien ist der Fußball Chefsache geblieben, und die Politik hat alles getan, um aus der wichtigsten Unterhaltungsindustrie des Landes die globale Konkurrenz herauszuhalten. Der einzige ausländische Investor in den Profivereinen blieb lange Zeit bei Juventus Turin Libyens Oberst Moamar al-Gaddhafi, zu dem auch die italienische Regierung beste Beziehungen pflegt. Gaddhafi ist auch bei Fiat und in der Bank Unicredit vertreten, folgt also exakt dem italienischen Modell des »Presidente«, der seine Finger in großen Wirtschaftsunternehmen und Kreditinstituten hat, um dann auch außerhalb des Fußballs bizarre Freizeitvergnügen zu pflegen – im Falle des Libyers Koranstunden mit Hunderten von angemieteten Hostessen.

Ganz anders stehen die Zeichen in Florenz, wo Klubeigner Diego Della Valle seinen Verein wie weiland Lorenzo der Prächtige führt. In seinem großen, durchgestylten Büro sitzt der Präsident vor einem Bild, auf dem ein wegweisender John F. Kennedy seinen Zeigefinger in die Zukunft schnellen lässt, und spricht: »Ich verehre Kennedy, weil er ein Mann war, der unserer Generation viel Hoffnung gemacht hat.« Deshalb kreuzt Della Valle mit Kennedys Yacht »Marlin« durch das Mittelmeer. Der Unternehmer hat das Holzboot auf einer Auktion erstanden, gründlich renoviert, und jetzt liegt die Kennedy-Reliquie im Hafen von Santa Lucia in Neapel, jederzeit bereit für einen Ausflug nach Capri, wo DDV, wie er vom Personal genannt wird, eine Villa besitzt, knapp unter der Sommerresidenz von Kaiser Tiberius.

Della Valle ist ähnlich wie Berlusconi in allen möglichen Unternehmen engagiert, er produziert teure Schuhe und teure Möbel, besitzt Anteile am Mailänder Traditionsblatt *Corriere della Sera* und betreibt gemeinsam mit seinem Freund, dem Ferrari-Chef Luca Cordero di Montezemolo, das erste Konkurrenzunternehmen zur italienischen Staatsbahn. In der patriarchalisch organisierten Serie A ist der Fiorentina-Patron, der seinem jüngeren Bruder die Vereinsführung überlassen hat, eindeutig der aufgeklärteste Absolutist. Zwar spielt er selbst Fußball (»Da wo alle stehen, die viel reden und wenig treten: im Mittelfeld«), aber nie würde er mit seiner eigenen Mannschaft kicken, denn »die würden mich ja nur mitmachen lassen, weil ich der Boss bin«.

Als weltgewandter Geschäftsmann bemühte DDV sich als einer der Ersten um sportliche Fairness und ausgeglichene Bilanzen. Nur das Stadion modernisiert er nicht, weil es ihm nämlich gar nicht gehört. Die meisten Vereine sind in ihren Spielstätten nur zur Miete. Das erklärt, warum die Stadien so traurig aussehen: über Jahrzehnte haben italienische Klubpräsidenten anstatt in schöne Arenen lieber in erstklassige Fußballer investiert. Bis ihnen auch dafür das Geld nicht mehr reichte.

Reihenweise gingen um die Jahrhundertwende Traditionsvereine in den Bankrott: Der SSC Neapel, einst der Verein Diego Armando Maradonas. Der AC Parma des Lebensmittelunternehmers und Abenteurers Calisto Tanzi, der mit seinem Konzern Parmalat 23 Milliarden Euro verbrannte, und der AC Perugia des einstigen Straßenbahnschaffners Luciano Gaucci, für den sogar einer der Söhne Gaddhafis spielte, bevor der Vereinspräsident vor der Justiz auf eine Karibikinsel flüchtete. In dem bunten und manchmal auch grotesken Circus, den der Fußball in den Anfangsjahren des Berlusconismus abgab, wollten viele Klubbosse dem Beispiel Berlusconis folgen und den Fußball nutzen, um selbst populär zu werden, manche strebten gar in die Politik. Doch am Ende konnten die meisten nicht mit Berlusconi konkurrieren. Sie waren abhängig geworden von den Fernsehgeldern, ohne das Fernsehen zu kontrollieren.

Und sie mussten im Gegensatz zu Berlusconi ihr Geld auf dem freien Markt beschaffen, um es anschließend für hoffnungslos überteuerte Spielertransfers und Phantasiegehälter zu verpulvern. Besonders hart traf der Wettbewerb die Kleinstvereine in den unteren Ligen, allein im Sommer 2010 wurden landesweit 21 Pleiten verzeichnet. Am Ende blieben jene übrig, die auch schon vor Berlusconi da gewesen waren, staatlich bezuschusstes Old Money, wie die Agnellis und die Morattis. Heute sind es Reinigungsunternehmer, Kuchenbäcker und Spielzeugfabrikanten, die nicht im Traum daran denken, auch ihren Reservespielern noch Millionengehälter zu zahlen: Im Fußball dominiert bis auf wenige Ausnahmen neben den wenigen verbliebenen Industriekapitänen solider Mittelstand.

Als Della Valle 2002 den AC Florenz übernahm, war der Klub gerade pleitegegangen und deshalb in die Vierte Liga relegiert, abgewirtschaftet von dem Kinounternehmer Vittorio Cecchi Gori. Auch Cecchi Gori wandelte auf Berlusconis Spuren, er war Filmproduzent und Fernsehunternehmer, zwischendurch auch Parlamentarier und umgab sich privat mit Schauspielerinnen aus seinen B-Filmen (»Attila, der Hunnenkönig«). Das Rennen um die Macht im Circus endete für Cecchi Gori in einer Katastrophe. Kurz vor der Pleite musste er sogar noch seinen Konkurrenten Berlusconi anpumpen, dessen Notspritze allerdings auch nicht wesentlich weiterhalf. Die ruhmreiche Fiorentina, der Klub mit der Lilie, trudelte abwärts und musste eine demütigende Saison lang gegen Provinztrupps wie Gualdo Tadino antreten – vor einer Kurve, die unverdrossen ihre alten Schlachtgesänge gegen die Erzrivalin Juventus Turin weitersang, als wäre nichts geschehen.

Silvio Berlusconis politischer Aufstieg war von Anfang an verbunden mit seiner Aktivität als Fußballpräsident und Besitzer des AC Mailand. Seinen Wählerverein nannte er zunächst »Forza Italia«, nach dem Anfeuerungsruf der Fans von Italiens Nationalmannschaft, und die Parteifarbe war meeresblau wie die Trikotfarbe der Nationalspieler. Auf geniale Weise schaffte es Berlusconi, die leidenschaftliche Zuneigung der Italiener für ihr Lieblingsspektakel zu instrumentalisieren, indem er den Fußball politisch machte und die Politik zu einem Fußballspiel. Da ging es im Parlament manchmal zu wie in den Stadionkurven, es wurden Fahnen geschwenkt und zwischen den verschiedenen Fangruppen Schmähungen, ja Handgreiflichkeiten ausgetauscht. Und tatsächlich organisierten die Parlamentarier sich parteiübergreifend in Fußball-Fanklubs, um gemeinsam den Spielen ihrer Lieblingsvereine beizuwohnen. Auch die politischen Gegner sprangen auf den fahrenden Fußball-Zug auf, so kandidierte in Mailand für die linke Mitte der frühere Nationalspieler Gianni Rivera gegen seinen ehemaligen Klubpatron Silvio Berlusconi.

Die Ereignisse des Spieltags wurden ganz selbstverständlich von Ministern kommentiert, einmal agierte ein Verteidigungsminister der Republik Italien tatsächlich als Friedensstifter zwischen dem Regierungschef Berlusconi und Inter Mailands Abwehrspieler Marco Materazzi, der den 2:0-Derby-Sieg seiner Mannschaft gegen den AC Mailand gefeiert hatte, indem er sich bei seinem Freudentanz auf dem Rasen von San Siro eine Maske mit den Gesichtszügen von Milan-Boss Berlusconi überstreifte. Sofort geriet Materazzi zwischen die Fronten von Regierung und Opposition – Kabinettsmitglieder forderten seine Bestrafung, Oppositionspolitiker klagten, »dass man in diesem Land noch nicht mal als Fußballer einen Spaß machen darf«. Dabei war schon längst alles geklärt zwischen dem Spieler und dem Präsidenten; einem Fußballer nicht zu verzeihen kann sich in Italien nämlich noch nicht einmal ein Bischof leisten.

In Florenz sagte sich der neue Erzbischof gerade noch rechtzeitig vor seinem Amtsantritt von seinem bisherigen Lieblingsverein Juventus Turin los, offenbar aus Angst davor, dass man ihm sonst den Zugang zum Dom versperrt hätte. Ein Amtskollege arbeitete sogar als Fußball-

kommentator im Fernsehen, während Kardinalstaats-
sekretär Tarcisio Bertone nie einen Hehl daraus gemacht
hatte, dass er neben der Mutter Kirche auch dem Göt-
zen Juventus anhing. Die Tageszeitung der Bischofskonferenz *L'Avvenire* entwickelte sich zwar zu einem
Organ der Opposition gegen den Berlusconismus, auf einen Sportteil konnte das katholische Blatt aber trotzdem
nicht verzichten. Während einer Audienz mit Johannes
Paul II. prägte Berlusconi das unglaubliche Bonmot:
»Wir tragen beide eine siegreiche Idee in die Welt. Sie
das Christentum und ich den AC Mailand.« Der pol-
nische Papst war damals schon Ehrenmitglied beim FC
Barcelona und bei Schalke 04. Aber was war das gegen
Berlusconi? Der ließ keine Gelegenheit aus, damit zu
prahlen, er sei der erfolgreichste Klubbesitzer aller Zeiten. Und der großzügigste – in 25 Jahren investierte er
rund 1,2 Milliarden Euro.

Wer kein Fußballpräsident war oder wenigstens Fußball-
fan, konnte in Berlusconien nichts werden. Die Wähler
wussten genau, welcher Kandidat für welchen Verein
war, und manche machten ihr Kreuz genau deswegen
an der für sie richtigen Stelle. Zeitweise schien es, als
wäre der Einleitungssatz der Verfassung: »Italien ist eine
demokratische Republik, die auf Arbeit gegründet ist«,
ersetzt durch: »Italien ist eine Unterhaltungsrepublik,
die auf Fußball gegründet ist.« Der Ministerpräsident
höchstselbst rief während der Sportschau an, um sich
über »seinen« Trainer beim AC Mailand zu beschweren,
oder verkündete live am Telefon eines winzigen Privatsenders: »Der Brasilianer Kaká wird nicht verkauft!« Das
altrömische Rezept *panem et circenses* (Brot und Spiele)
wurde auf geradezu schamlose Weise in der politischen

Küche Berlusconiens angewandt, und dem Volk schien es zu schmecken.

Noch im Wahlkampf 2008 versprach Berlusconi seinen Anhängern: »Ich kaufe euch den Spieler Ronaldinho.« Und erst als er von seinen eigenen Parteigängern ausgebuht wurde, ging ihm auf, dass er für diese Ankündigung die falsche Kulisse gewählt hatte – er stand nämlich vor dem Kolosseum, und in Rom gibt es nicht besonders viele AC-Mailand-Fans. Dafür beschäftigt sich in der Hauptstadt ein gutes Dutzend Radiosender in Sendungen mit Titeln wie »Schneewittchen und die sieben Hügel« ausschließlich mit dem AS Rom. Als sich der römische Kapitän Francesco Totti einmal verletzte, standen Politiker aller Couleur an seinem Krankenbett Schlange – um Totti kommt eben in Rom niemand herum. Auch im Wahlkampf wird der Fußballer umworben wie kein Zweiter, die Kandidaten machen ihm ihre Aufwartung sogar im Trainingslager. Denn dem Fußballer Totti gelingt spielend, wonach sie alle streben: die wichtigste Identifikationsfigur für eine ganze Stadt zu sein. Als Totti einen Gegenspieler besonders böse foulte und deswegen sogar vom Staatspräsidenten gerüffelt wurde, hielten am nächsten Sonntag im Stadion Tausende von Römern das Spruchband hoch: »Wir alle sind Francesco.« Volkes Stimme, Volkes Seele, das kann Fußball immer noch sein. Deshalb wiegt es umso schwerer, wenn die Politik den Fußball für sich vereinnahmt.

Vor den Toren von Florenz befindet sich das Sportzentrum Coverciano, wo die Nationalmannschaft regelmäßig trainiert. Auch ein kleines Museum der Squadra Azzurra ist in dem Trainingszentrum untergebracht, mit Fotos und Erinnerungsstücken aus einem Jahrhundert

Nazionale Italiana. Man sieht die Azzurri im Triumph nach den vier gewonnenen Weltmeisterschaften 1934 und 1938, 1982 und 2006, aber man kann in Coverciano nicht erahnen, wie sehr auch die Nationalmannschaft zum Instrument der Politik herabgewürdigt wurde. Um das zu erfahren, muss man mit Männern sprechen, die Legenden des *calcio* geworden sind: Dino Zoff und Gigi Riva. Der Jahrhunderttorwart und der Jahrhundertstürmer.

Zoff hat als einziger Italiener eine Weltmeisterschaft und eine Europameisterschaft gewonnen, bei der EM war er 28, bei der WM schon 40. Er hält einen schier unglaublichen Rekord: 1143 Minuten lang ließ er keinen Ball in das Tor der Azzurri. Noch unfassbarer: Elf Jahre lang stand er für seinen Klub Juventus Turin ununterbrochen im Tor, mit keinem einzigen Spieltag Ausfall. »Wieso hätte ich krank sein sollen?«, fragt er verblüfft, wenn man ihn darauf anspricht. »Fußballer waren nicht krank.« Als Trainer arbeitete Dino Nazionale für die Fiorentina und von 1998 bis 2000 als Commissario Tecnico der Nationalmannschaft. Er führte die Azzurri bis ins Finale gegen Frankreich und damit zu einem der besten EM-Ergebnisse. Ein paar Tage später trat Zoff zurück – ausdrücklich nicht, weil er sich fachlich etwas vorzuwerfen hatte. Der damalige Oppositionsführer Silvio Berlusconi hatte es geschafft, den schweigsamen Ex-Torhüter aus der für knorrige Typen bekannten Gebirgsregion Friaul buchstäblich aus dem Amt zu quatschen. Zoff habe taktisch alles falsch gemacht, maulte Berlusconi. »Zidane hätte Manndeckung gebraucht, das sah doch jeder. Zoff ist nicht würdig, unsere Nationalmannschaft zu trainieren.«

Noch viele Jahre später fällt es Dino Zoff schwer, über den Vorfall zu reden. Es ist ihm unangenehm, er findet es peinlich. »Später wurde von manchen behauptet, es sei um Berlusconis Kritik an der Spieltaktik gegangen«, sagt Zoff. »Er hatte nach der Niederlage kommentiert, für Zidane hätte ich auf Manndeckung umstellen sollen. Nun, über das Spiel an sich kann jeder denken und sagen, was er will. Das ist mir vollkommen schnuppe. Da bin ich absolut liberal.« Es sei ihm um etwas anderes gegangen, Zoff ging es um die Beleidigung. »Ich bin ein Mann mit Prinzipien. Und deshalb haben mich Berlusconis Worte über meine Person getroffen. Das Wort ›unwürdig‹ konnte ich nicht akzeptieren.«

Es ist anrührend und auch bewundernswert, wie die alten Spielerlegenden die verlorene Ehre des italienischen Fußballs verteidigen. Wie sie für einen *calcio* einstehen, den es nicht nur in Italien vielleicht gar nicht mehr gibt. Doch in Italien wird der Verlust als besonders schmerzhaft empfunden, der Fußball einte einst das Land und macht heute die Gräben zwischen den Italienern nur noch tiefer. Aus dem Sport wurde eine Unterhaltungsindustrie, aus dem millionenschweren Amüsierbetrieb wurde knallharte Politik, und schließlich blieb von der Glitzerliga mit den vielen Champions nur ein Scherbenhaufen. Von Dino Zoff gibt es ein Schwarzweißfoto, es zeigt ihn auf dem Rückflug nach dem WM-Triumph 1982 von Madrid nach Rom. Auf dem Foto spielt Zoff Karten mit seinem Teamkollegen Fausto Causio, dem damaligen Nationaltrainer Enzo Bearzot und dem Staatspräsidenten Sandro Pertini. Alle vier sind sehr in das Spiel vertieft, eine Art Doppelkopf, das am Ende Causio und Bearzot gewannen.

Zoff raucht, seitdem er ein Junge ist. Auch Gigi Riva raucht, vielleicht hat das nichts zu sagen. Vielleicht sagt es aber doch etwas, und die Raucherei ist wie ein Zeichen aus einer Zeit, in der der Fußball sich selbst genügte

und in der Fußballer einfach Männer waren, nicht nur
Figuren. Und was für eine Figur war da Gigi Riva! Der
beste Torjäger der Nationalmannschaft mit unerreichten
35 Treffern ein Gesicht zwischen Marlon Brando und
Gary Cooper, ein Spitzname wie ein Ritterschlag: »Rom-
bo di tuono«, Donnergrollen. Denn wie ein Unwetter
kam er über die gegnerische Abwehr und wie ein Don-
nerknall flog dann der Ball ins Tor. Riva schoss mit links.
In der Schule hatten sie ihm das Schreiben mit links aus-
getrieben, auf dem Platz zählte dann nicht, mit welchem
Fuß einer traf. Schon gar nicht, wenn er so oft traf wie
Riva. Beim »Spiel des Jahrhunderts« Italien–Deutschland während der WM 1970 schoss er das 3:2, was allein ausgereicht hätte, um in die Annalen einzugehen.
Heute ist Gigi Riva Manager der Squadra Azzurra, und
die Spieler schwärmen von dem immer noch schönen
Mann, der sie, wenn es sein muss, gegen alle verteidigt.
Auch gegen die Politik.

»Die Nationalmannschaft war doch der Traum meines
Lebens«, sagt Riva schlicht, und dann schwärmt er von
seinem allerersten Trainingslager in Florenz: »Das blaue
Hemd wuchs uns auf die Haut.« Squadra Azzurra, das
heißt: Blaue Mannschaft, dabei war sie am Anfang gar
nicht blau, sondern weiß. Die Elf, die am 15. Mai 1910
in Mailand gegen Frankreich antrat und 6:2 gewann,
trug weiße Hemden und schwarze Hosen. Ein paar Tage
später verloren die Italiener auch schon das erste Mal –
in Budapest wurden sie von den Ungarn 6:1 geschlagen.
Was auch daran lag, dass die Nazionale Italiana nach der
Zugfahrt dritter Klasse von Mailand nach Venedig schlaf-
trunken das falsche Schiff über die Adria bestiegen und
nach langer Odyssee erst in letzter Minute in Budapest
ankamen. Beim Rückspiel am 6. Januar 1911 versuchte es

Italien dann erstmals mit blauen Hemden. Die Ungarn gewannen trotzdem.

Das Blau war das Blau des italienischen Königshauses der Savoyer. Deren Wappen trugen die Azzurri auch noch auf ihren Hemden, als sie schon den »römischen Gruß« entbieten mussten: den rechten Arm stramm nach oben. In Italien herrschten die Faschisten, und der Diktator Benito Mussolini hatte den angeblichen Caesarengruß ausgegraben, den Hitler später als »deutschen Gruß« kopieren sollte. Und während in Deutschland die Nazis marschierten, eroberten die Italiener den Weltfußball. 1934 und 1938 wurden sie Weltmeister, 1936 Olympiasieger. Beim Turnier 1934 im eigenen Land hatten die Schiedsrichter ein wenig nachgeholfen, aber vier Jahre später in Frankreich gelang der Finalsieg gegen Ungarn unter den Pfiffen eines feindlich gestimmten Publikums. Frankreich war das Exilland vieler italienischer Antifaschisten, die die Mannschaft des Duce verabscheuten – zumal die Azzurri auch noch manche Spiele in schwarzen Hemden bestritten, denn Schwarz war die Farbe der Faschisten und die Nationalmannschaft längst eine bevorzugte Propagandawaffe des Regimes. Mussolini mochte keinen Fußball, aber er nutzte ihn.

Das galt in Abstufungen auch für alle Regenten der Nachkriegszeit. Heute, glaubt der Fußballer Gigi Riva, werde der Fußball als »Narkosemittel« eingesetzt, »benutzt, um die wahren Probleme des Landes zu verbergen. Fast jeden Tag ein Spiel im Fernsehen, das ist doch kein Zufall.« Fußball als Droge Nummer eins für die Unterhaltungsdemokratie. Diese Droge wirkt besonders gut in Kombination mit Resultaten, was Wunder, dass Berlusconien den größten Schiedsrichter-Manipulationsskandal der Geschichte erlebte, mit Juventus Turin als Protagonist unglaublicher Mauscheleien. Und was Wunder, dass auch dieser Prozess wie so viele Korruptionsverfahren nach einer unfassbaren Verfahrensdauer unweigerlich im Sande verlief.

Die Nationalmannschaft hat keine Herren, sie ist eine Institution, die ein ganzes Land repräsentiert. Das macht sie einerseits besonders wichtig, lässt sie aber andererseits als besonders unzuverlässig erscheinen. Berlusconis Versuche, die Squadra Azzurra für sich zu vereinnahmen, gingen schief, er misstraute ihr schließlich wie allen anderen Institutionen des Landes. Seine Koalitionspartner von der Lega Nord hingegen versuchten sich ganz offen an der Demontage der Squadra Azzurra, die den Separatisten als nationales Symbol ein Dorn im Auge war. Umberto Bossis Sohn Renzo erklärte einmal, er sei kein Anhänger der italienischen Nationalmannschaft, denn die Idee von einem einigen Italien sei »Zeug von vor fünfzig Jahren«. Und deshalb wolle er der Squadra Azzurra auch nicht bei der WM die Daumen drücken. Riva findet Bossis Bemerkung über die Nationalmannschaft bodenlos. »So etwas hören zu müssen … es macht mich sehr traurig.«

Die Lega hätte am liebsten ihre eigene Republik, die nicht Italien heißen soll, sondern Padanien, und bis es so weit ist, hat sie schon einmal ihre eigene Fußballmannschaft. Die heißt auch »Padania« und wurde groteskerweise »Weltmeister« wie die Azzurri. In den grünen Hemden der Lega Nord gewann die Mannschaft der »Padania« drei Mal hintereinander das VIVA-Turnier der Volks- und Länderauswahlen, die nicht Mitglied der FIFA sind. Da spielen Lappen, Kurden und Tibeter. Und eben Padanier, obwohl die ja gar kein Volk sind, sondern nur eine Partei. Die stärkste Partei Norditaliens.

Die Spieler und Funktionäre der Nationalmannschaft sind also durchaus nicht zu beneiden: Einerseits sollen sie Italien repräsentieren, andererseits bekommen sie gerade dadurch Probleme. »Das Image Italiens fußt heute nur noch auf seiner Nationalmannschaft«, glaubt die Legende Gigi Riva, aber das ist ein Trugschluss. Denn im Ausland werden heute die Azzurri weniger mit Italien gleichgesetzt als mit Berlusconien, und nicht erst seit ihrem Totalausfall bei der WM 2010 gelten sie als sieche Repräsentanten eines Landes im Abschwung. So hat es der Fußballpräsident geschafft, den *calcio* zu vereinnahmen. Unter Berlusconi verlor Italiens Fußball seinen Glanz, seinen Erfolg und zuletzt auch seinen Ruf. Sogar die gute alte italienische Schule des Abwehrfußballs ging verloren, weil der größte Präsident aller Zeiten nicht müde wurde, seinen Anhängern einzubläuen: »Nur Kommunisten spielen defensiv!«

Kapitel IV

ROM: ALLES UNTER EINEM DACH ODER COSÌ FAN TUTTI

Wie Palazzo Grazioli zur Zentrale der
Amüsierrepublik wurde

An einem Mittwochabend im Sommer lädt die PR-Agentur »Reti« (Netze) zu einer Party ein, auf der sich parlamentarische Hinterbänkler von Regierungs- und Oppositionsparteien der Auslandspresse vorstellen wollen. Ein Termin, den vor allem die Ortswahl interessant macht: Via del Plebiscito Nr. 102, Palazzo Grazioli. Diese Adresse wird in Italien eigentlich nur mit einem einzigen Mann verbunden, mit Silvio Berlusconi, der den Barockpalast zu seiner römischen Residenz auserkoren hat, weswegen viele Palazzo Grazioli für eine weitere Perle in der langen Kette von Berlusconis Luxusimmobilien halten. Er besitzt inzwischen so viele Schlösser und Villen in Norditalien, auf der Insel Sardinien und auf den Bahamas, dass er sich sogar beklagt: »Mir fehlt die Zeit, um meine Häuser zu bewohnen.« In der Via del Plebiscito aber wohnt Berlusconi nur zur Miete in einem großen Apartment, das sich über den gesamten ersten Stock zieht. Ein Mieter unter vielen, genau wie die Agentur »Reti«. Die hat das Dachgeschoss bezogen und von ihrer 200-Quadratmeter-Terrasse eindeutig die bessere Aussicht über die römische Altstadt: Kirchenkuppeln und römische Ruinen, verschwenderisch ausgestattete hängende Gärten und Palastdächer, ein Traum.

Die Gesellschafter von »Reti« haben im Umfeld linker Parteien oder gar als Parteimitglieder Karriere gemacht, jetzt machen sie in politischer Kommunikation. In ihren modern und betont lässig eingerichteten Büroräumen hängt eine riesige Kopie von Giuseppe Pellizza da Volpedos Revolutionsbild »Der vierte Stand« mit seinen finster und entschlossen blickenden Proletariern, den vollen Bärten und roten Westen. So nostalgisch können Lobbyisten sein, in Italien.

Bei Prosecco und Pizzahäppchen plätschert auf der Terrasse das Gespräch mit den Abgeordneten: Lega Nord, Berlusconi-Partei, Linke – alles ist im schlürfenden Smalltalk vereint. Im Palazzo Chigi, einen Steinwurf entfernt, regiert noch Romano Prodi mit einer Koalition der linken Mitte, und der Mann drei Etagen unter der »Reti«-Party ist noch Oppositionsführer. Eine merkwürdige Affäre erschüttert in diesem Sommer die Prodi-Regierung, es geht um den Regierungssprecher Silvio Sircana, einen großen, hageren, immer etwas finster blickenden Mann. Der Kommunikationsexperte war von einem Paparazzo an einem einschlägig bekannten Ort des römischen Straßenstrichs fotografiert worden, während er aus seinem Auto einen Transsexuellen ansprach. Sircana verteidigte sich, er habe sich nur unterhalten wollen. Die Lebenssituation »solcher Menschen« habe ihn schon immer interessiert, und jetzt habe sich endlich die Chance auf Informationen aus erster Hand ergeben. »Man kann einen Mann nicht für einen kleinen, dummen Umweg an einem Mittsommerabend an den Pranger stellen«, gab der Regierungsmann zu bedenken.

Es war ein Umweg in den Verdacht, und dass er den Sprecher nicht das Amt kostete, verdankt er vor allem seiner Ehefrau. Sie verteidigte die Ehre ihres Mannes in einem offenen Brief an die Tageszeitung *La Repubblica*. Sircanas Frau konnte sich ausrechnen, dass mit diesem entschlossen wirkenden Schachzug einer mutigen Signora die »Rotlichtaffäre« um ihren Mann sofort versanden würde: Auch ihr Beruf ist die Kommunikation, sie gehört zu den Managern von »Reti«. Sie weiß, dass in Italien das Wort einer Ehefrau mehr Gewicht haben kann als die Regeln politischer Opportunität.

Eine herzlich wirkende, energische Frau, die an diesem Abend mit den steifen Hinterbänklern hoch über Palazzo Grazioli Witz und Charme versprüht. Fürsorglich schiebt sie ihre Gäste ins Haus, als draußen die Mauersegler noch tiefer fliegen, weil sich ein Gewitter zusammenbraut. Drinnen, unter dem »Vierten Stand«, erzählt sie dann von ihrer großen Leidenschaft, dem Kochen, und von ihrem Hobby, Rezepte der italienischen Küche in Reime zu bringen. Ein Vers für Bucatini all'amatriciana, ein anderer über Osso Buco, der dritte zum Tiramisu ... Und so plaudert sie gekonnt über die unausgesprochene Frage in den Augen ihrer Gesprächspartner hinweg. Es ist die stumme Frage nach ihrem Mann. Die Frage, ob er noch bestehen kann in seinem Amt. Die Frage nach der Kohärenz – müssen denn nicht jene Berlusconi-Gegner, die so entschieden den moralischen Verfall in Berlusconien geißeln, besonders unangreifbar sein in moralischen Fragen? Um sich zu unterscheiden von politischen Gegnern, die ungeachtet aller Vorwürfe und Verdachtsmomente an ihrem Amt kleben und es kompromittieren? »Wir kommen uns nie in die Quere«, erzählt fröhlich die Frau des Regierungssprechers über ihren Nachbarn Berlusconi. Im Aufzug frage der manchmal nach den »kommunistischen Freunden« der Agentur, aber man habe keine Berührungsängste.

Geschäft ist Geschäft. Als Berlusconi 2008 die Wahlen gewinnt und Prodi mitsamt seinem Sprecher in die Opposition schickt, organisieren die Nachbarn von »Reti« die ersten Partys für einige neue Minister. Darunter ist auch Mara Carfagna, die Leiterin des Ressorts für Gleichberechtigung. Die schöne junge Frau und studierte Juristin, damals noch keine 33 Jahre alt, hat vor ihrer politischen Karriere als Showgirl im Berlusconi-Fernsehen gearbeitet. In dieser Zeit kam ein Kalender mit Aktfotos von Mara Carfagna auf den Markt, es ist auf diesen Fotos beispielsweise zu sehen, wie sich die zukünftige Gleichberechtigungsministerin gemeinsam mit einem blonden Jüngling barbusig auf einem Fischernetz räkelt. Auf einem anderen Bild steht sie nackt an einer Jalousie, es sind also künstlerisch sehr wertvolle Fotos. Umso merkwürdiger, dass die Ministerin auf diese Bilder nicht mehr angesprochen werden will, alle Fragen danach wehrt sie mit dem leicht tautologischen Hinweis ab: »Was vergangen ist, ist Vergangenheit.«

In der Gegenwart als Ministerin der Republik Italien trägt Mara Carfagna züchtige Kostüme oder Hosenanzüge und kurzgeschnittene Haare. Es ist ein ähnlicher Trick, wie kleine Kinder anwenden, die sich die Augen zuhalten und meinen, keiner sehe sie mehr, weil sie ja selbst keinen mehr sehen. Als Politikerin setzt Frau Carfagna ein Gesetz gegen Stalking durch, also die Belästigung von Frauen durch verflossene Liebhaber oder rabiate Fans. Einmal verkündet sie ihren Rücktritt aus Regierung und Partei, weil sie den Machismo ihrer eigenen Parteikollegen nicht mehr erträgt. Ein paar Tage später tritt sie vom Rücktritt zurück – sie hatte unterdessen ein Gespräch mit Berlusconi. Was da unter vier Augen gesprochen wurde, wird niemand erfahren. Die Öffentlichkeit weiß zu diesem Zeitpunkt schon, dass Silvio Berlusconi der attraktiven Politikerin bei der Verleihung eines Fernsehpreises gestanden hat: »Wenn ich nicht schon verheiratet wäre, würde ich sofort dich heiraten. Mit dir würde ich überall hingehen.«

Man weiß auch, dass Berlusconis Ehefrau darüber not amused war, ja, dass das öffentlich vorgetragene Kompliment für Mara Carfagna wahrscheinlich einer der Gründe für die anschließende Ehescheidung war. Kaum war nämlich der Bericht über die Preisvergabe publik, da antwortete Veronica Berlusconi ebenfalls in der Zeitung: »Das sind Erklärungen, die ich als Verletzung meiner Würde interpretieren muss und die angesichts des Alters, der politischen Rolle und der familiären Umstände (zwei Kinder aus erster Ehe und drei Kinder in der zweiten) der Person, die sie gemacht hat, nicht einfach auf scherzhafte Bemerkungen reduziert werden können. Von meinem Mann, der eine öffentliche Person ist, verlange ich deshalb eine öffentliche Entschuldigung – zumal ich diese privat noch nicht erhalten habe. Im Laufe der Beziehung zu meinem Ehemann habe ich entschieden, Konflikte nicht zuzulassen, auch wenn sein Verhalten mir dazu Gründe gegeben hätte.«

Ein Brief der Ehefrau an eine Zeitung – Frau Berlusconi schrieb übrigens wie Frau Sircana an die große linksliberale Tageszeitung *La Repubblica*. So unterschiedlich der Ton und der Inhalt dieser Briefe war, so bildeten sie doch beide Folgen der gleichen Soap Opera, die die Italiener gleichermaßen schockierte und amüsierte: Die Ehekrisen und erotischen Verirrungen der Mächtigen wurden gekonnt in Szene gesetzt, das Privatleben der »Kaste« war endgültig zum Varieté für ihr Fußvolk geworden. Und Palazzo Grazioli avancierte zu einem Symbol des »Così fan tutti«.

Es gibt in Rom eine ganze Menge schönerer Adelspaläste, Prachtbauten, die in die Kunstgeschichte eingegangen sind, weil ihre Bauherren Päpste oder Fürsten waren und die besten Architekten ihrer Zeit bezahlten. Palazzo Grazioli gehörte immer kleinen Adelsgeschlechtern, zuletzt den parvenühaften Namensgebern, die als Wassermühlenbesitzer zu Geld kamen und erst im 19. Jahrhundert in den Adelsstand erhoben wurden. Kein Michelangelo, kein Bernini hat an der klobigen Fassade gewirkt, und doch ist dieser wuchtige Barockpalast weithin berühmt. Als Zentrale der Amüsierdemokratie. Als Zentrum der Macht.

Im Palazzo Grazioli war Berlusconi buchstäblich umlagert von »Kommunisten«, wie er seine politischen Gegner auch fast zwei Jahrzehnte nach der Auflösung der KPI nennt. Und doch betrieb man abgeschottet vom gemeinen Volk, das von einem ganzen Stab von Carabinieri und sonstigem Wachpersonal auf Distanz gehalten wurde, eine äußerst friedliche Koexistenz. Im Dachgeschoss pflegte »Reti« die Kommunikation zwischen den Lagern und aus dem Erdgeschoss sendete das Webfernsehen »Red TV« des früheren Ministerpräsidenten Massimo D'Alema. Nicht nur wegen des gepflegten Schnurrbarts wurde D'Alema von Parteifreunden und Gegnern »baffetto« genannt – in Anlehnung an Josef Stalin. D'Alema und Berlusconi kannten und schätzten sich seit Ewigkeiten, was »Red TV« nicht davon abhielt, mit medialen

Kanonen auf den Nachbarn zu schießen. Das Problem war nur: niemand schaute hin. Denn Massimo D'Alema ist als Politiker ein ausgebuffter Stratege, als Medienunternehmer blieb er Dilettant. Nach nur zwei Lebensjahren ging sein »Red TV« pleite, die letzten sieben Mitarbeiter sperrten sich noch gegen die drohende Entlassung, indem sie die Redaktionsräume im Palazzo Grazioli besetzten. Vergebens. Alle interessierten sich nur für die Etage, auf der die Post abging – den ersten Stock.

Aus Berlusconis Wohnung weht stets eine riesige italienische Trikolore-Fahne, auf der anderen Straßenseite lauern die Journalisten. Hier ist immer Betrieb. Minister gehen ein und aus, Fernsehgrößen, Industrielle. Nur das Volk bleibt draußen, seitdem eine Haltestelle für achtzehn Buslinien in unmittelbarer Nähe des Palazzo Grazioli aus Sicherheitsgründen geschlossen wurde. Wo der Premier wohnt, hat kein Bürger aus dem Bus zu steigen. Eine ganz neue Allüre der Macht für Rom, wo der ewige Ministerpräsident Giulio Andreotti frühmorgens am liebsten zu Fuß in die Messe ging und dann weiter ins Büro spazierte.

Auch Berlusconi geht manchmal zu Fuß. Er begibt sich dann vom Palazzo Grazioli in die Geschäfte des Zentrums, umgeben von einer Traube aus Leibwächtern und Journalisten, die später berichten: Der Premier nahm ein Bad in der Menge und kaufte Geschenke. Denn Geschenke verteilt er oft, etwa an Weihnachten wertvolle Ringe für jede Abgeordnete seines »Freiheitsvolks«. Diamanten sind in Berlusconis Weltbild eben die besten Freunde der Frauen.

Während in den nüchternen Räumen des nahe gelegenen Palazzo Chigi die Regierungsgeschäfte abgewickelt werden müssen, inszeniert Berlusconi in seiner Privatwohnung seinen eigenen Film. In diesem Film ist er nicht Regierungschef, sondern König. Ein König, der in prunkvollen Gemächern seinen Hofstaat um sich versammelt, anstatt Mitarbeiter in das enge, leicht verstaubt wirkende Büro im Palazzo Chigi zu zitieren. Immer seltener wurde Berlusconi in seinem Amtssitz gesehen, stattdessen traf er abends in der Mietwohnung mit seinen Vertrauten die Entscheidungen. Alle Koalitionsgipfel fanden hier statt, alle Krisengespräche wurden im Palazzo Grazioli angesetzt – oder gleich in der Villa San Martino in Arcore.

Die Macht ballte sich nicht mehr in den lieblos möblierten Repräsentationsräumen der Demokratie. Denn die Macht war jetzt privat. Als Silvio Berlusconi 1995 in die Beletage einzog, ließ er sie aufwendig renovieren, mit verschwenderisch ausgestatteten Sälen und Schlafzimmern. Sogar ein Miniaturparlament wollte der neue Mieter, alles im etwas schwülstigen Kulissenstil des späten Luchino Visconti, dessen bevorzugter Innenarchitekt Giorgio Pes die Arbeiten im Palazzo Grazioli leitete. Mit Kino kennt Berlusconi sich aus, schließlich ist er Italiens größter Filmproduzent. In seiner römischen Residenz gab er bald Feste, die so verschwenderisch, aber auch so dekadent waren wie in einem Streifen von Visconti.

Er lud scharenweise junge Frauen dazu ein, die aufgefordert wurden, sich schlicht-elegant zu kleiden und sich diskret zu schminken, Frauen von überallher in Italien. Lange Zeit wussten nur Eingeweihte etwas von diesen Festen, bis sich plötzlich die Weltpresse darum kümmerte. Einige der geladenen Damen hatten über die Partys öffentlich ausgepackt – ohne ein Geheimnis daraus zu machen, dass sie hauptberuflich als Prostituierte arbeiteten und deshalb auch für ihre Auftritte im Palazzo

Grazioli bezahlt worden waren. Wobei sie vor dem handfesten Teil, so behaupteten sie jedenfalls, stundenlange Propagandafilme mit dem Meister selbst in der Hauptrolle über sich ergehen lassen mussten und dazu auch noch aufgefordert wurden, die Parteihymne zu singen: »Ein Glück, dass es Silvio gibt.«

Die Erzählungen aus Tausendundeiner Nacht wurden in den Medien ausgebreitet wie ein Fortsetzungsroman. Zur Protagonistin avancierte dabei das Callgirl Patrizia D'Addario aus Bari. Sie konnte ihre Schilderungen mit einigen O-Tönen anreichern – ins Schlafzimmer des Ministerpräsidenten hatte sie ein Diktiergerät eingeschleust. Auf dem Band sagte ein Mann mit Berlusconis Stimme zum Beispiel: »Leg dich in das große Bett, das Wladimir Putin mir geschenkt hat.« Das war fast so interessant wie D'Addarios Behauptung, sie habe in der Nacht in der Beletage immer wieder kalt duschen müssen. Zur Erfrischung.

Italien fand das eher amüsant als empörend. Unterhaltend wie eines der unzähligen Trash-Programme im Berlusconi-Fernsehen oder beim Staatsfernsehen RAI. Die Première Maitresse genoss ihre neue Popularität und ließ sich beim Filmfestival von Venedig feiern wie eine Diva. Sie schrieb ihre Memoiren, nahm eine CD mit Songs auf, hatte Auftritte in Paris und kassierte von Berlusconis Anwälten eine Verleumdungsklage.

Die Geschichten aus dem Palazzo bildeten nur eine Episode der über Jahre laufenden Soap Opera, um den mehrfachen Großvater Silvio Berlusconi als nimmermüden Latin Lover. Den Anfang hatten Berichte um eine blutjunge Neapolitanerin gemacht, zu deren 18. Geburtstag der Regierungschef als Überraschungsgast erschienen war. Treuherzig erklärte die junge Frau, Berlusconi sei ihr Freund. Sie habe ihn auch schon in Rom im Palazzo Grazioli besucht, und sie nenne ihn »Papi«. Ähnlich »väterlich« agierte der Regierungschef, als er bei der Mailänder Polizei anrief, um sich gegen die Verhaftung einer minderjährigen Nordafrikanerin zu verwenden. Das Mädchen müsse freigelassen werden, denn sie sei eine Nichte des ägyptischen Premiers Hosni Mubarak, argumentierte Berlusconi. In Wirklichkeit stammte die 17-Jährige aus Marokko und arbeitete als Professionelle unter dem Namen »Ruby Rubacuori« (Herzensbrecherin). Berlusconi hatte sie als Gast auf einer seiner Partys kennengelernt. Die Mafia räche sich an ihm, indem sie ihm ständig junge Mädchen schickte, um ihn zu kompromittieren, war die Erklärung des Ministerpräsidenten für die »Affäre Ruby«, ganz so, als seien auch jene Bosse des organisierten Verbrechens, die Staatsanwälte und Journalisten mit Leib und Leben bedrohten, nur noch Teil des Amüsierbetriebs Italien. Im Übrigen, tönte Berlusconi, sei es »besser, sich für schöne junge Mädchen zu interessieren, als schwul zu sein«. Das sah indes die Staatsanwaltschaft Mailand anders, die gegen ihn ein Ermittlungsverfahren wegen Förderung der Prostitution Minderjähriger und Nötigung einleitete. Als die Akten mit detaillierten Darstellungen der Feste am Hofe von Circusdirektor Silvio B. im Parlament eintrafen, war die Reaktion der Abgeordneten blankes Entsetzen. »Zum Glück ist Italien anders, als es in diesem Dokument erscheint«, sagte ein braver Oppositionspolitiker, blieb den Beweis dafür aber schuldig. Und als Berlusconi das nächste Kaninchen aus dem Hut zog (»Ich bezahle keine Prostituierte, schließlich habe ich eine feste Freundin«), spekulierte das Land darüber, wer das wohl sein könnte.

Die Kandidatinnen waren alle unter dreißig. »Es wäre zu schön, wenn er mich erwählt hätte«, flöteten sie. Was ist schon ein Altersunterschied von einem halben Jahrhundert, wenn es sich um den reichsten und mächtigsten Mann Italiens handelt? Darüber pikiert sind allenfalls amerikanische Diplomaten – »Wikileaks« enthüllte Botschaftsberichte, nach denen der Partyhengst Berlusconi »zu müde zum Regieren« erscheine, geschwächt von allzu vielen Festen mit allzu jungem Gemüse.

Nun ist Italien ein Land mit einer uralten Skandalgeschichte. Schon die Kaisergattin Messalina feierte ihre Orgien, und als ihr dieser Nervenkitzel nicht mehr ausreichte, schlich sie nachts aus ihrem Palast, um sich in einer Spelunke in der römischen Suburra als Hure zu verdingen. Nie war Italien ein Land für Puritaner, das bewiesen schon die Päpste der Renaissance mit ihren Großfamilien. Alexander VI. übergab die Regierungsgeschäfte gern seiner Tochter Lucrezia und Paul III. soll einen schwulen Sohn gehabt haben. Über das »römische Babylon« empörte sich weiland der brave deutsche Mönch Martin Luther, die Römer empörten sich schon sehr viel weniger. Dass die Macht nicht von Moralaposteln besetzt wird, wusste man also schon etwas länger. Aber Silvio B. übertrieb es, indem er Italien zu einem Bordell herabwürdigte. Unter ihm erschienen alle käuflich, die Würde der Bürger und vor allem der Bürgerinnen nur noch eine Frage des Preises. Ob gestandene Abgeordnete oder blutjunge Mädchen, nur wer dem Mogul und seiner Altmänner-Entourage zu Diensten war, hatte Anspruch auf Brosamen der Macht.

Anfangs achtete Berlusconi noch darauf, dass die Fassade stimmte. In seiner Inszenierung spielte deshalb die Familie stets eine wichtige Rolle als Bürge für politische Solidität. Abseits der Machosprüche und Eskapaden blieb Berlusconi ein Patriarch mit fünf Kindern und sechs Enkeln, der für Italien ebenso treu sorgen würde wie für seine eigene Sippe. Während er in Rom Politik machte und den Gockel gab (»Nach drei Stunden Schlaf bin ich fit für drei Stunden Sex«), hütete Frau Veronica in ihrem Mailänder Schloss die Kinder und den Bio-Gemüsegarten. Er im Rampenlicht, sie schmollend, aber im Grunde voller Nachsicht und Toleranz bei den Kindern, das ist zwar auch in Italien ein Auslaufmodell, aber in der zahlenmäßig überwältigend starken Berlusconi-Generation der 60 plus ein Evergreen.

Dass sie zu Staatsempfängen nie mitkam, ihn aber dafür von zu Hause aus manchmal öffentlich rüffelte, störte die Idylle nicht, im Gegenteil: Berlusconi konnte sich so als italienischer Klischee-Ehemann gerieren, der neben den Mächtigen der Welt auch noch die eigene Ehefrau bei Laune halten musste. Ein medienwirksamer Kniefall ab und zu, und die Show ging voran. Dass Veronica trotzdem türenknallend die Bühne verlassen wollte, deklassierte den Familienvater zur Kulissenfigur. Mochte er auch draußen tönen, er sei so populär wie noch nie – zu Hause wollten sie ihn nicht mehr. »Diese Angelegenheiten haben mich sehr verbittert«, sagte seine Tochter Barbara über die Partys ihres Vaters. »Es ist klar, dass ich mit bestimmten Verhaltensweisen nicht einverstanden bin, aber ich muss natürlich meinem Vater glauben.«

Berlusconi entgegnete, die Tochter sei »von der linken Presse beeinflusst, genau wie ihre Mutter«.

Veronica Berlusconi hatte mittlerweile die Scheidung eingereicht, was das bekannteste Ehepaar Italiens endgültig zu den Protagonisten eines Rosenkriegs machte, in dem es um enorm viel Geld ging und um enorm skandalöse Trennungsgründe. Die Ehefrau bekannte öffentlich, sie könne nicht weiter verheiratet sein »mit jemandem, der Minderjährige frequentiert«. Sie geißelte außerdem die dubiose Kür hübscher und politisch unbedarfter Fernseh-Starlets als Kandidatinnen für das »Volk der Freiheit«, der Partei ihres Mannes. Es handele sich um eine Schamlosigkeit, um »Schmuddelkram« – die Frauen seien einzig dazu erwählt, »dem Kaiser zu gefallen«, sie seien »Jungfrauen für den Drachen«.

Dann zog mit ihrem Diktiergerät Patrizia D'Addario ins Schlafzimmer des Palazzo Grazioli, und der Drache schien tödlich getroffen. Die katholische Kirche entrüstete sich öffentlich über die Unmoral des Regierungschefs, die Umfragewerte sanken in den Keller. Alles deutete auf ein unrühmliches Ende der Soap Opera mit dem alternden Protagonisten als jugendlicher Liebhaber hin – da kamen ihm die Nachbarn im Palazzo Grazioli zu Hilfe.

Im Jahr 2009 wurde die Region Latium von einer stabilen Koalition der linken Mitte regiert. Latium ist eine der wichtigsten der zwanzig italienischen Regionen, weil sie die Hauptstadt Rom umschließt. Ministerpräsident der Regionalregierung war Piero Marrazzo, der sich nach einer langen Karriere als Fernsehjournalist beim Staatssender RAI entschlossen hatte, in die Politik zu gehen. Schließlich waren die Grenzen zwischen Fernsehen und Politik zu diesem Zeitpunkt schon längst fließend geworden. Und so gewann Marrazzo auf Anhieb die Wahl in Latium – als Anchorman der Hauptnachrichtensendung hatte er ein Gesicht, das fast so bekannt war wie das Berlusconis. Marrazzo war gut aussehend und er wirkte mit seinen grauen Schläfen und seiner zurückhaltenden Art seriös. Im Amt erwies er sich als vorsichtiger Reformer und pragmatischer Verwalter, das machte ihn populär. Marrazzo galt als aussichtsreicher Kandidat bei der Rückeroberung der Macht auf nationaler Ebene. Smart, fernseherfahren und sympathisch: genau wie Berlusconi. Nur jünger, unverbrauchter und vor allem: glaubwürdiger.

Bis die Sache mit Brenda passierte. Im Oktober – Silvio Berlusconi litt noch unter den Nachwehen des Sommerskandals um seine Partys und unter den publik gewordenen exorbitanten Unterhaltsforderungen seiner Noch-Ehefrau Veronica – erfuhr die Öffentlichkeit, dass der Regionalpolitiker Marrazzo von vier Carabinieri erpresst wurde. Die Polizisten waren im Besitz eines Videos, das Marrazzo bei der Begegnung mit einer Transsexuellen zeigte. Der Betroffene leugnete ein paar Tage und gestand dann alles. Dass er sich von seinem Chauffeur regelmäßig in die Wohnung der Frau namens Brenda hatte kutschieren lassen, im Dienstwagen natürlich. Dass er dafür bezahlte. Brenda behauptete, sie sei seit sieben Jahren die Verlobte des Familienvaters. Marrazzo sagte, die Affäre sei »Frucht meiner Schwächen im Privatleben«.
 Italien diskutierte noch darüber, ob die Angelegenheit tatsächlich die Privatsache des Politikers sei, da trat Marrazzo zurück. Es ging auch um Drogen, wie ein Gericht später feststellte, aber nur zum Eigengebrauch. Also nicht strafbar. Privat. Kurz flammte auch eine Debatte über den Hang der Mächtigen zu Transsexuellen auf und die seriösen Zeitungen interviewten eine ganze Reihe transsexueller Frauen, die diesen Hang bestätigten. Darunter Vladimir Luxuria, die zwischenzeitlich für eine

kommunistische Kleinstpartei im Parlament gesessen hatte und von einer Abgeordneten der Berlusconi-Fraktion mit entrüstetem Geschrei aus der Damentoilette vertrieben worden war. Später wechselte die schrille Luxuria von der Politik wieder zurück in die Show und gewann eine Ausgabe des »Dschungelcamps«. Diesen Triumph bezeichnete Vladimir Luxuria »als Sieg aller Transsexuellen«. Denn die seien jetzt in der Mitte der Gesellschaft angekommen – da genau scheint nämlich das Dschungelcamp zu liegen.

Im Unterschied zu Berlusconi tat der linke Lustmolch Buße. Piero Marrazzo zog zum Meditieren über seine Sünden ins Kloster. Brenda starb einsam und allein bei einem Wohnungsbrand, der nach Erkenntnissen der Staatsanwaltschaft durch Brandstiftung ausgelöst worden war. Alles wie nach Drehbuch für einen wirklich schlechten Film. Und wie nach Drehbuch gab es für den Protagonisten eine Art Happy End. Das Kassationsgericht sprach ihn von allen Vorwürfen frei – Marrazzo sei Opfer einer »Verschwörung der Carabinieri« geworden. Sicher – er hätte halt einfach besser ein Taxi genommen als seinen Dienstwagen. Der war nämlich nun weg. Aber sein alter Arbeitgeber, das von Berlusconis Leuten kommandierte Staatsfernsehen RAI, stellte Marrazzo wieder ein. Nicht als Moderator, sondern als investigativen Autor, ein bisschen Lebenserfahrung hilft schließlich jedem Journalisten. Marrazzos Scheitern war zutiefst persönlich, Berlusconi schaffte es, aus seinen Obsessionen ein System zu machen. Das ist der Unterschied.

Die nächsten Wahlen gewannen die Parteifreunde des Mieters aus dem Palazzo Grazioli im Verbund mit den Rechtsextremen. Auch das strikt nach Drehbuch. Vorsichtshalber hatten die beiden politischen Lager erstmals weibliche Spitzenkandidaten ins Rennen geschickt – was das Sexaffären-Risiko ganz offenkundig minderte. Der Skandal um Marrazzo hatte zur Folge, dass über die Partys im Palazzo Grazioli einstweilen nicht mehr gesprochen wurde, stattdessen wurde zum Thema Privatleben von Politikern parteiübergreifend geschwiegen.

Nur die Organisatoren des Schönheitswettbewerbs »Miss Italia« kamen auf die Position der Transsexuellen in der italienischen Politik zurück. Sie könnten sich durchaus vorstellen, transsexuelle Menschen zu ihrem Wettbewerb zuzulassen, erklärten die »Miss Italia«-Manager, genauso, wie bereits verheiratete Frauen und Mütter bei ihnen hätten starten dürfen. »Schließlich ist Miss Italia ein Spiegel unserer Gesellschaft.« Das war fortschrittlich gedacht, ein ehrenwerter Vorstoß gegen jede Art von Diskriminierung. Die Verbraucherschutzorganisation Codacons sah das anders und forderte tatsächlich von einer Kandidatin der Fleischbeschau eine Geburtsurkunde, um sicherzustellen, dass es sich um eine »echte« Frau handele. Wovor Codacons die italienischen Verbraucher schützen wollte, blieb ein Geheimnis. Vor Lug und Betrug? Oder gar vor Wettbewerbsverzerrung? Transsexuelle von einer Misswahl auszuschließen wäre nichts weiter gewesen als der Gipfel der Heuchelei – aber die gehört natürlich auch dazu bei der großen Show um Sex und Politik im Circus Italia.

Kapitel V

ROM: VOLLE FAHRT VORAUS
IM TRANSATLANTICO

*Warum Italiens Parlament das bunteste und
teuerste der Welt ist*

Der Abgeordnete Niccolò Ghedini wirkt heute noch ein wenig grauer als sonst. Graues, schütteres Haar, grau verschleierter Blick, graues Gesicht, grauer Anzug: Ghedini ist die graue Eminenz des Juristenteams um Silvio Berlusconi. Ganze Legionen von Rechtsanwälten hat Berlusconi ins Parlament geschleust, hat sie zu Ausschussvorsitzenden oder sogar Ministern gemacht. Ghedini ist sogar noch ein bisschen mehr: Er ist der Mann hinter den Ministern, zum Beispiel hinter dem Justizminister Angelino Alfano. Der Sizilianer Alfano müht sich seit Jahren um ein Gesetz, das seinen Chef endgültig vor strafrechtlicher Verfolgung schützt … Ein Premier hat auch noch etwas anderes zu tun, als seine kostbare Zeit in Gerichtssälen zu verschwenden, oder? Also erfand Minister Alfano ein Gesetz mit dem Paragraphen der »berechtigten Verhinderung«, was bedeutet, dass eine Person mit einem Regierungsamt berechtigterweise durch Staatsgeschäfte verhindert ist, wenn ein Gerichtstermin ansteht. Das Verfassungsgericht war damit überraschenderweise nicht einverstanden, die Richter dort hängen nämlich an dem antiquierten Grundsatz »Gleiches Recht für alle«. Den nächsten Entwurf nahm Ghedini unter seine Fittiche, er weiß, wie man so etwas macht. Und Verfassungsrichter verputzt er sowieso zum Frühstück.

Wenn man Ghedini mit seiner hohen, leisen Stimme und dem weichen venezianischen Akzent reden hört, muss man den Eindruck gewinnen, Italien werde von Richtern und Staatsanwälten regiert, die zudem auch noch stramm kommunistisch seien. Seine eigene Aufgabe sieht der Abgeordnete Ghedini offenbar darin, die Bürger und ein bisschen natürlich auch seinen Mandanten Silvio Berlusconi vor diesen Feinden der Demokratie zu schützen. »Stellen Sie sich vor, Sie wollen einen Richter verklagen, weil der in einem Prozess gegen Sie befangen oder vielleicht sogar bestochen war«, fistelt der schmale Mann und hält theatralisch die Luft an. »Ja, was geschieht Ihnen denn dann? Sie werden von den Kollegen dieses Richters beurteilt! Nicht etwa von einem unabhängigen Gremium, sondern von anderen Richtern.« Wer das normal findet, hat ganz sicher etwas Grundlegendes nicht verstanden. Nämlich, dass Italien kein normales Land sei, wie Niccolò Ghedini jetzt seufzt. »In keinem anderen Staat des Westens haben Richter eine solche Machtfülle.« Der nichtsahnende Bürger sei diesen Mächten der Finsternis vollkommen ausgeliefert.

In all den Jahren haben Berlusconi und seine Advokaten nicht etwa jene Reform vorangetrieben, mit der die italienische Justiz endlich effizienter und schneller werden würde. Auch Ghedini redet nicht über die 700 000 Verfahren, die allein am römischen Zivilgericht anhängig sind, über Prozesse, die sich über Jahrzehnte ziehen, um dann manchmal mit Freisprüchen aus Mangel an Beweisen zu enden wie das Verfahren um das neofaschistische Attentat im Mai 1974 in Brescia. Acht Tote, 102 Verletzte, und auch nach 36 Jahren kein Schuldiger. Manche Angehörigen der Opfer brachen bei dieser Demonstration der Ohnmacht in Tränen aus, sie weinten aus Enttäuschung. Doch Ghedini kümmert es nicht, dass Italiens Bürger deshalb kein Vertrauen in die Justiz haben, weil diese Justiz so furchtbar langsam ist, dass sie den Bürgern nicht gerecht werden kann. Und weil es keine Strafsicherheit gibt: Erst nach der dritten Instanz wird eine Haftstrafe überhaupt erst wirksam, bis dahin sind die meisten Delikte aber schon längst verjährt.

Nicht diese Missstände will der Abgeordnete Ghedini beheben – wen, bitte schön, interessiert denn, dass der Rechtsstaat besser funktioniert? Nur das Fußvolk. Und die Kommunisten. Alle anderen können von der Langsamkeit der Justiz allerhöchstens profitieren. Als junger Mann war Ghedini ein Rechtsaußen bei der Jugendfront der neofaschistischen Partei MISI. Heute interpretiert er sein Verständnis von Law and Order so: »Vor dem Gesetz sind alle gleich, aber nicht vor seiner Anwendung.« Wer zum Beispiel ein Staatsamt ausübe, könne nicht gleichzeitig Angeklagter sein. Auch nicht, wenn sich die Anklage auf Vergehen vor seiner Amtszeit bezieht? Dann erst recht nicht. Da müsse ja der Verdacht aufkommen, dass man längst vergessene Kavaliersdelikte aufblähe, um das politische Amt des Angeklagten zu beschädigen. Ghedini und seine Kollegen haben dafür gesorgt, dass Bagatellen wie Steuerhinterziehung und Bilanzfälschung nicht mehr so schnell mit Gefängnis bestraft werden können wie früher. »Unsere Gefängnisse sind ohnehin viel zu voll«, lächelt der Rechtsanwalt. »Eigentlich ein Fall für Menschenrechtsorganisationen. Ich persönlich bin sowieso gegen die Haftstrafe. Das ist antiquiert, nicht mehr zeitgemäß. Wir brauchen andere Sanktionsmodelle.« Ghedini ist der Mann, der Silvio Berlusconi frühmorgens mit der Nachricht aus dem Bett holte, Berlusconis Ehefrau Veronica habe in einem Schreiben an die Zeitung *La Repubblica* die Scheidung angekündigt. Ghedini ist auch der Mann, der erklärte, wegen einer Nacht mit einer Prostituierten könne sein Mandant Berlusconi keinesfalls wegen Förderung der Prostitution belangt werden, »denn er ist ja höchstens der Endverbraucher«. Ghedinis Schwester vertrat dann Berlusconi im Scheidungsverfahren und verteidigte den Ministerpräsidenten gegen die Unterhaltsforderungen seiner Exehefrau. Vermutlich hätte Niccolò Ghedini auch diesen Dienst gern selbst übernommen. Aber er kann ja nicht, er wird für Höheres gebraucht im Parlament. Silvio Berlusconi, der in die Politik ging, als die Staatsanwälte für die Auflösung der zutiefst korrupten Parteien der Ersten Republik gesorgt hatten, ist es gelungen, aus dem Parlament eine Rechtsanwaltskammer zu machen. Denn Rechtsanwälte wie Ghedini machen jetzt in diesem Parlament Staat.

Es ist das größte Parlament der Welt. 630 Abgeordnete in der Kammer, dem einem Ozeandampfer ähnlichen »transatlantico« an der Piazza Montecitorio. Plus 315 Senatoren im Senat zwischen Pantheon und Piazza Navona, den der Volksmund nur »Palazzo Madama« nennt, nach der Medici-Gattin Margherita d'Austria. Es sind alte, ja ehrwürdige Gebäude mit viel dunklem Holz und rotem Samt, die Männer nur in Anzug und Krawatte betreten dürfen und in denen Saaldiener mit schmucken Uniformen für Ordnung sorgen.

Trotz all dieser Tradition und Eleganz hat das Volksvertreterhaus des Circus Italia jedoch international nicht mehr den besten Ruf, seitdem die Welt auf Fernsehbildern verfolgen konnte, wie sich Abgeordnete oder Senatoren mit beachtlichem Körpereinsatz wilde Raufereien lieferten. Einmal schwang ein Mann von der Lega Nord einen Strick mit einer Schlinge, um Robespierre-mäßig die Exekution korrupter Politiker zu fordern. Ein anderes Mal schleuderte ein Parlamentarier der Opposition einen vollen Müllsack in Richtung Regierungsbank, aus Protest gegen den Müllnotstand in Neapel. Solche Aktionen bieten einen willkommenen Anlass für Handgreiflichkeiten, die aber auch ohne Vorwarnung bei Debatten um die wirklich großen Fragen ausbrechen können. So gingen in einer Fragestunde zu einem umstrittenen Elfmeter in der 1. Fußballliga die Abgeordneten nicht nach Fraktions-, sondern nach Vereinszugehörigkeit aufeinander los, bis die Saaldiener sie vom Platz verwiesen.

Im Ausland amüsiert man sich über solche Szenen, in Italien beklagen gewöhnlich jene, die bei den Prügeleien außen vor blieben, den Niedergang der politischen Kultur. Beide Reaktionen sind nachvollziehbar, aber sie zielen am Kern des Problems vorbei. Denn obwohl »Parlament« mit dem italienischen Verb »parlare«, reden, verwandt ist (Benito Mussolini verspottete es als »Quatschbude«), geht es hier noch weniger als anderswo um die Pflege der politischen Debatte zwischen Regierung und Opposition. Das italienische Parlament ist vielmehr Ausdruck eines demokratischen Feudalismus, der typisch ist für ein Land, dessen Politiker von ihren Wählern »la casta« genannt werden. So heißt eines der erfolgreichsten Sachbücher der letzten Jahre, verfasst von den Journalisten Gian Antonio Stella und Sergio Rizzo, verkaufte es 22 Auflagen. Die Italiener nennen ihre Politiker »la casta«, weil die schon längst eine eigene »Kaste« bilden, die ihre Interessen mit allen Mitteln verteidigt. Wenn es sein muss, auch mit körperlichem Einsatz.

Die Abgeordneten tragen den vielversprechenden, aber auch beschwörenden Titel »l'onorevole«: der oder die Ehrenwerte. Das ist mehr als Herr oder Frau Abgeordnete/r, es impliziert, dass die Vertreter des Volkes moralisch besonders integer sein sollten. Gleichzeitig erhebt die Bezeichnung »l'onorevole« die Parlamentarier über die Masse ihrer Wähler wie den Priester über die Gläubigen. Er mystifiziert die Volksvertreter und entrückt sie gewöhnlichen Bürgern, als seien sie Mittler zwischen dem Volk und der Macht. So wie der Priester das Verbindungsglied ist zwischen den Gläubigen und dem Herrgott, so wie der katholische Christ die Heiligen anrufen kann, damit sie sich an höchster Stelle für ihn verwenden, so steht der »l'onorevole« zwischen den irdischen Bedürfnissen der Wähler und einer nebulösen höheren Sphäre.

Woraus die besteht, dazu gibt es je nach ideologischem Standpunkt eine Menge Theorien, die, so verschieden sie sich anhören, doch auf einen gemeinsamen Nenner gebracht werden können: Dietrologia. Dahinter verbergen sich Verschwörungslehren aller Art, von denen jede die Funktionsfähigkeit des Parlaments in Abrede stellt und die parlamentarische Demokratie zur volksverdummenden Kulissenschieberei herabwürdigt. Die Dietrologia geht davon aus, dass Wahlen nichts ändern, weil das Parlament nichts zu bestimmen und noch weniger zu entscheiden hat. Als seien hinter der demokratischen Fassade ganz andere, stärkere Mächte (poteri forti) am Werk.

Rechte Dietrologia will uns weismachen, dass Italien seit Kriegsende quasi ununterbrochen von den Kommunisten regiert wurde, auch wenn diese niemals eine Parlamentsmehrheit besaßen. Doch das hätten die Kommunisten auch gar nicht nötig gehabt, behaupten die Dietrologen von rechts. Still und heimlich und mit massiven Geldzuwendungen aus der Sowjetunion hätten sie die Welt der Kultur erobert. Die Verlage, das Kino, das Staatsfernsehen, die Zeitungsredaktionen: alles stramm links. Unaufhaltsam habe sich mit diesen intellektuellen Kolonnen der Kommunismus in die Köpfe der Italiener bohren können, sogar die Schulbücher seien von Kommunisten geschrieben worden. Die Linke habe auch deshalb nahezu ungebremst das Land mental deformiert, weil ihr von ihrem vorgeblichen politischen Gegner, den Christdemokraten, nie wirklich Einhalt geboten worden sei. Im Gegenteil, die Democrazia Cristiana habe mit den Kommunisten gekungelt, sie habe jede Menge Zugeständnisse an die KPI gemacht, und deshalb hätten die Kommunisten Italien doch irgendwie mitregiert.

Die linke Dietrologia ist von dieser verquasten Geschichtsklitterung gar nicht so weit entfernt, nur sieht sie hinter der jeweiligen Regierung weniger die kommunistische Weltverschwörung als die finsteren Mächte des Vatikans. Die Verschwörungstheorien der italienischen Linken besagen, dass Italien auch hundertfünfzig Jahre nach dem Fall des Kirchenstaats in Wirklichkeit vom Papst und der italienischen Bischofskonferenz regiert wird. Auch die Kommunisten seien gar keine richtigen Kommunisten gewesen, sondern »Catto-Comunisti«, eine Mischung aus katholisch und kommunistisch, aus Don Camillo und Peppone. Die wahre Crux Italiens sei, dass der Staat nie wirklich laizistisch geworden sei, denn das habe der Vatikan im Verein mit den »Catto-Comunisti« von der Democrazia Cristiana und der KPI verhindert. Jedes Gesetz, das vom Parlament verabschiedet werde, sei in Wirklichkeit mit denen vom anderen Tiberufer abgesprochen, denn kein italienischer Regierungschef würde es wagen, Politik gegen den Vatikan zu machen. Noch nicht einmal Berlusconi, der wegen seines Lebensstils, aber auch wegen seiner Flüchtlingspolitik öfter deutliche Kritik von Kirchenführern einstecken musste.

Die Verschwörungstheorien von rechts wie von links werden dann je nach regionaler oder Klassenzugehörigkeit ergänzt, etwa mit dem Bild vom »grande vecchio« (großen Alten), der wie als Mischung aus dem ehemaligen Ministerpräsidenten Giulio Andreotti, dem früheren Fiat-Patriarchen Gianni Agnelli und dem Geheimlogenchef Licio Gelli die Fäden in der Hand hält und Parlamentarier wie Marionetten manövriert. Oder mit der Dietrologia der Lega Nord, die mutmaßt, Rom und der Süden lenkten die Geschicke Italiens über alle Parteigrenzen hinweg – natürlich müsse der Norden dabei die Zeche zahlen. Eine andere, ebenfalls parteiübergreifende Dietrologen-Fraktion behauptet, sämtliche Parlamentarier aus Süditalien seien mit den Stimmen der Mafia gewählt und selbstverständlich sei auch die Antimafiabewegung von der Mafia gesteuert. Dieselben Dietrologen, die eben noch wortreich illustriert haben, was Italien im Innersten zusammenhält, sind stets davon überzeugt, dass Ausländer ihr Land niemals verstehen könnten. Weil der Dschungel der Dietrologie undurchdringlich bleibe für Menschen, die ganz naiv davon ausgehen, Italien sei auch nur eine europäische Demokratie wie jede andere.

Die Substanz jeder Form von Dietrologie ist immer

diese: In Italien, wo doch schon staatsphilosophisch und juristisch raffinierte Formen der Republik geübt wurden, als sich die Völker des Nordens noch Met-saufende Stammeshäuptlinge hielten, traut man dem demokratischen Versprechen von dem Wahlvolk als Souverän nicht über den Weg. Zwar ist der »l'onorevole« eigentlich damit beauftragt, die Interessen seiner Wähler zu vertreten. Aber wer, bitte schön, möchte so dumm sein, das zu glauben? Ganz andere Kräfte lenken das Land. Das führt im Umkehrschluss aber auch dazu, dass man die Italiener für das, was bei ihnen geschieht, nicht verantwortlich machen kann. In Wirklichkeit verniedlichen die Dietrologen Italien, sie würdigen es herab zu einem infantilen Gefüge, in dem die Wähler wie Kinder sind, die nicht begreifen können, was ihre Eltern wirklich treiben.

In letzter Konsequenz wird auf diese Weise sogar der Terrorismus als Spielball anderer, dunkler Mächte verharmlost. Und die Roten Brigaden, die Gewerkschafter, Arbeitsrechtler, Professoren, Journalisten und Politiker ermordeten, werden im Weltbild der Dietrologen ebenso wie die Rechtsterroristen Marionetten eines »grande vecchio« oder westlicher Geheimdienste.

Leider öffnet die Dietrologie auch dem Revisionismus Tor und Tür. Wo finstere Mächte ungreifbar walten, kann es keine Abrechnung mit der jüngsten Vergangenheit geben. Die Verschwörungstheorien sind auf der einen Seite Ausdruck der Unfähigkeit, mit der Geschichte abzuschließen, auf der anderen Seite zeigen sie aber auch die Schwierigkeit, den Bürger als Subjekt der Geschichte zu markieren. Nur so ist es möglich, dass sich das Land Stück für Stück von einem antifaschistischen Konsens entfernte, der seit der Gründung der Republik unantastbar geblieben war. Indem der Berlusconismus die traditionelle rechte Dietrologie vom kommunistisch gelenkten Italien zur neuen Staatsdoktrin erklärte, war es bis zur Mystifizierung der antifaschistischen Widerstandsbewegung Resistenza als paramilitärische Organisation der Kommunisten nur ein kleiner Schritt.

Bald galt die Justiz als kommunistische Vorhut, dann wurde selbst die Verfassung zum Werk von Kommunisten: Die italienische Demokratie und ihre Organe als kommunistisch inspiriert zu desavouieren war nur konsequent. Das Misstrauen der Bürger in ihren eigenen Staat wurde von einem der staatlichen Organe, nämlich dem Regierungschef selbst, ständig genährt.

Wenn der Antifaschismus mit Kommunismus gleichgesetzt wird, so muss das zwangsläufig zur Verharmlosung, wenn nicht zur Aufwertung des Faschismus führen. Nicht Antifaschismus, sondern Antikommunismus wurde der Kitt, der die »Zweite Republik« zusammenhalten sollte. Der Berlusconismus machte also die neofaschistische Partei salonfähig, die bislang außerhalb des »Arco Costituzionale«, des »Verfassungsbogens«, gestanden hatte und deshalb nicht regierungsfähig gewesen war. Berlusconi ging nach seinem Wahlsieg 1994 mit den Neofaschisten eine Koalition ein. Ihrerseits wandelte sich die neofaschistische MSI zur rechtsnationalen Nationalen Allianz.

Der damalige Vorsitzende Gianfranco Fini sagte sich vom Faschismus los und bezeichnete die faschistischen Rassegesetze bei einer Reise nach Jerusalem als das »absolute Böse«. Dies führte zur Abspaltung der offen neofaschistischen Partei »La Destra«, mit der allerdings Berlusconi unbeirrt weiter Wahlbündnisse einging. Denn während Finis Weg zu einer antifaschistischen, konservativen Partei für dessen politisches Überleben notwendig war, brauchte Berlusconi nie eine antifaschistische Attitüde anzunehmen. Indem er die Italiener zu Opfern des Kommunismus erklärte, befreite er sie von der Verantwortung für den Faschismus.

Das ist der eigentliche, grundlegende Revisionismus des Berlusconismus – äußere Anzeichen wie die Einführung eines Gedenktages für die italienischen Opfer der Tito-Partisanen als »Ergänzung« zum Gedenktag für die Holocaust-Opfer bestätigen das nur. Der römische Bürgermeister Gianni Alemanno, selbst ein ehemaliger Neofaschist, erklärte, das Gedenken an die Partisanenopfer gebe »italienischen Märtyrern endlich ihre Würde zurück«. Die Leugnung der Shoah werde nur von einer Minderheit betrieben, aber der Massenmord an den Italienern leider von einer Mehrheit geleugnet.

Systematisch werden alle Verbrechen des Faschismus mit denen des Kommunismus, alle neofaschistischen Symbole mit ihrem kommunistischen Gegenpart aufgerechnet. Anlässlich der 150-Jahr-Feier Italiens 2010 sollte bei einer historischen Revue auf dem Schlagerfestival von San Remo die Partisanenhymne »Bella Ciao« gesungen werden – prompt »verbesserten« sich die Verantwortlichen, es würde selbstverständlich als »Konterpart« auch der faschistische Gassenhauer »Giovinezza« erklingen. Dass das Absingen von »Giovinezza« in der Öffentlichkeit ebenso verboten ist wie das Grölen des »Horst-Wessel-Lieds« hatten die RAI-Manager in ihrer Beflissenheit vergessen. Dass ein Faschistenlied nicht mit der Hymne der Resistenza gleichzusetzen ist, wäre ihnen sowieso nicht eingefallen. Aber zum Glück wurden die sendungsbewussten Revisionisten in letzter Minute von höherer Stelle zurückgepfiffen.

Immerhin rutschten sie somit an der vollkommenen Blamage der Kollegen vom Fußballverband vorbei, die den Hitlergruß eines Profis von Lazio Rom mit einer geringeren Geldbuße ahndeten als die »kommunistische Faust« eines Kickers vom AS Livorno. Schleichend und unaufhaltsam hielt der Revisionismus Einzug in den italienischen Alltag, der Verkauf von Mussolini-Kalendern an den Zeitungskiosken wurde genauso hingenommen wie die Flut rechtsextremer Plakate in der römischen Innenstadt. Die ständige Präsenz neofaschistischer Symbole ist ein Beweis für die »Normalisierung« des Rechtsextremismus. Obwohl die Verherrlichung des Faschismus ein Straftatbestand ist, werden der Verkauf von faschistischen Devotionalien oder der Faschistengruß nicht geahndet. Stattdessen werden ultrarechte Positionen als normal wahrgenommen, so dass eine bekannte Fußballmoderatorin des Staatsfernsehens nach ihrer erfolglosen Kandidatur für »La Destra« vollkommen selbstverständlich ins Programm zurückkehren konnte.

Dieser schleichende Revisionismus ist womöglich die gefährliche Konsequenz des »qualunquismo«, jener typisch italienischen Staatsverdrossenheit, die das demokratische Regelwerk als Störung für die Durchsetzung individueller Interessen empfindet. Der »qualunquista« stellt dabei alle politischen Ideen und Parteien auf eine Stufe, ideologische Auseinandersetzungen sind für ihn nicht mehr als lästige Hintergrundgeräusche bei seinem Einsatz für sich und die eigene Familie. Der »qualunquista« begreift sich selbst nicht als politisches Subjekt, sondern als Objekt jener Demokratie, an deren reale Existenz er ohnehin nicht glaubt. Er ist gleichzeitig archaisch und geschichtslos.

Der Berlusconismus verkörpert den »qualunquismo« geradezu in Reinkultur. Sein Feindbild ist alles, was staatlich ist – von den Lohnsteuerzahlern im öffentlichen Dienst über die Universitäten bis zur Justiz. Er verfolgt keine andere Ideologie als die Durchsetzung von Eigeninteressen, er garantiert: Nur, wer bereit ist, die Regeln zu brechen, hat in diesem Staat Erfolgschancen, der Ehrliche ist nicht nur dumm, er ist ein Versager. Gleichzeitig nährt der Berlusconismus den Verdacht, dass hinter jedem Erfolg Unehrlichkeit stecken muss. Deshalb muss im Umkehrschluss jeder, der Erfolg haben will, bereit sein, die Regeln zu brechen. Der Berlusconismus ist der Kult des staatszersetzenden Individualismus. Seine Anhänger dulden, dass das politische Führungspersonal sich seine Pfründen schafft, solange es nur sein Versprechen einlöst, die Bürger vom Staat zu befreien. Also von Steuern, Gebühren und allerlei Vorschriften.

Ein Volk, das für sich selbst nicht die Verantwortung übernimmt, macht auch seine Volksvertreter für nichts verantwortlich. Nur so ist es zu erklären, warum im italienischen Parlament immer noch Abgeordnete sitzen können, die Probleme mit der Justiz haben oder sogar als Mafiosi verurteilt sind. Nur so ist auch zu erklären, warum das Land einen Regierungschef hinnimmt, der doch ganz offensichtlich ein Gesetz nach dem anderen durchdrückt, um sich von zahlreichen Strafverfahren zu befreien. Und der den ungeheuerlichsten Verdacht, die schwerwiegendsten Vorwürfe einfach aussitzt mit der

Begründung, wen das Volk auserkoren habe, könne das Parlament nicht abwählen.

Doch die Demütigung des Parlaments zur großen Schaubude hatte lange vor Berlusconi eingesetzt. Schon in den 1980er Jahren stöckelte die Pornodiva »Cicciolina« für die Radikalen in den »transatlantico« auf dem Montecitorio. Es dauerte dann noch fünfzehn Jahre, bis die große Politik zum Varieté herabgewürdigt war. Im »transatlantico« hatten nun Frauen wie Irene Pivetti ihren Auftritt, die mit dreißig Jahren die jüngste Parlamentspräsidentin wurde und in strengen Kostümen die Französische Revolution wie den Vormarsch des Islam geißelte, bevor sie ihren Dienst in der Politik quittierte, um an der Seite einer Dragqueen im Privatfernsehen eine Show über Schönheitsoperationen zu moderieren.

Die neuen Onorevoli waren ehemalige Showgirls wie Gabriella Carlucci, die ihren Porsche direkt vor dem Eingang zum Parlament unter dem Obelisken aus der Sonnenuhr von Kaiser Augustus abzustellen pflegte. Oder die schrille »Duce«-Enkelin Alessandra Mussolini, die eigentlich Schauspielerin werden wollte und es an der Seite ihrer Tante Sophia Loren sogar zu einem Auftritt in Ettore Scolas antifaschistischem Meisterwerk »Ein besonderer Tag« gebracht hatte, bevor sie ihr Talent auf den samtbezogenen Parlamentsbänken vergeudete. Da wurde sie noch rechts überholt von der schönen Daniela Santanché, die auf dem Laufsteg von Montecitorio gern ihre über vierzig Hermès-Kelly-Bags spazieren führte und nebenberuflich mit dem Formel-1-Manager Flavio Briatore und dem Weltmeisterschaftstrainer Marcello Lippi eine Luxus-Badeanstalt in der Toskana betrieb.

Dabei verdiente die Signora auch als Abgeordnete gar nicht schlecht. Italiens Parlamentarier sind mit ih-

ren Diäten um die 12000 Euro plus 4000 Euro Kosten-
pauschale die bestbezahlten der Welt – die deutschen
Kollegen kommen nur auf 7668 Euro plus ca. 4000 Euro
Kostenpauschale.

Es klingt paradox, aber auch diese horrend hohen
Gehälter entspringen dem Misstrauen zwischen Volk
und Volksvertretern: Wer als Politiker viel Geld von den
Steuerzahlern bekommt, hat es weniger nötig, korrupt
zu sein. Doch diese Idee ist nicht erst seit den Gerüch-
ten um Stimmenkauf vor dem abgeschmetterten Misstrauensvotum gegen Berlusconi im Winter 2010 längst
ad absurdum geführt. Nirgendwo sonst in Europa ist die
Politik für die Bürger so teuer wie in Italien, ohne deshalb
effizienter und weniger korruptionsanfällig zu sein. Stattdessen ist Politik auf allen Ebenen ein Beruf wie jeder
andere geworden (nur einträglicher als die meisten), bei
dem Überzeugungen zweitrangig sind. Das beweist die
frappierend hohe Anzahl von »Voltagabbana«, Wendehäl-
sen, die ihr Fähnlein nach dem Wind richten und so immer oben auf der Welle schwimmen. Diese Spezies ist im
Mitte-Rechts-Spektrum indes sehr viel verbreiteter als in
der linken Mitte, die den »qualunquismo« stets bekämpft
hat, einige Betriebsunfälle aber auch nicht verhindern
konnte. In Italien ist es möglich, dass drei Oppositions-
abgeordnete Tage vor einer wichtigen Abstimmung aus
ihren Fraktionen ausscheren, um eine »Bewegung für die
nationale Verantwortung« zu gründen und mit diesem
hochtrabenden Titel zu verbrämen, dass sie soeben ins
Regierungslager gewechselt sind, um ihren Posten für
den Rest der Legislaturperiode zu sichern.

Einer der schillerndsten »Voltagabbana« der politischen
Bühne ist Clemente Mastella. Von 1976 bis 2009 saß er

immer im Parlament, zunächst für die christdemokratische Democrazia Cristiana, nach deren Selbstauflösung
1993 dann für nicht weniger als vier von ihm selbst gegründete Parteien – bis er 2009 für die fünfte Partei ins
Europaparlament einzog. Mastella, der im Wechsel mit
seiner Ehefrau auch immer mal wieder als Bürgermeister
seiner Heimatstadt agierte (solche Ämterhäufung ist weit
verbreitet), begnügte sich nicht damit, ständig neue Parteien ins Leben zu rufen, er hüpfte auch zwischen den
politischen Lagern. Zuerst war er Arbeitsminister in der
Regierung Berlusconi, dann Justizminister der Regierung
Prodi – die er zum Rücktritt zwang, als die Kabinettskol-
legen nach einem Haftbefehl für Mastellas Gattin nicht
die sofortige Abberufung des vorlauten Staatsanwalts ver-
anlassen wollten. Prompt stieg Mastella aus der Koalition
aus, und da diese aus nicht weniger als neun Parteien
bestand, war sein Abgang für Prodi fatal. Im folgenden
Wahlkampf schlug sich der Überlebenskünstler wieder
auf die sichere Seite: diesmal natürlich bei Berlusconi.
Bis heute versteht man nicht ganz, wofür Clemente Mastella steht, ganz sicher steht er für sich. Und das ziemlich
überzeugend.

Was das Sammeln von Parteiemblemen angeht, kann
Francesco Rutelli durchaus mit Mastella konkurrieren.
Der smarte Römer war als junger Mann Mitglied der
Radikalen, wurde dann Mitbegründer der Grünen Partei
und für eine Koalition der linken Mitte Bürgermeister
von Rom. Später war Rutelli italienischer Kulturminister und Präsident der »Margherita«-Partei, die zunächst
unter dem Ölbaumbündnis wuchs und dann in der Demokratischen Partei aufging. Bei den Demokraten trat er
dann aus, um die »Allianz für Italien« zu gründen, also

in seiner fünften Partei aktiv zu werden. Nur zwei Vereine hat Rutelli niemals verlassen: seinen Lieblings-Fußballklub Lazio Rom und die katholische Kirche. Was ja auch eine Menge aussagt über die wahren Prioritäten im Leben« eines italienischen Politikers.

Die oftmals halsbrecherischen Wendemanöver der Politiker und die verwirrende Anzahl immer neuer Parteien und Fraktionen im Parlament mag für Nicht-Italiener verwirrend sein, für Italiener sind sie Alltag. Im Ausland hat man früher kaum verstanden, dass trotz ständiger Regierungskrisen und einer beeindruckenden Nummer von Kabinetten doch immer dieselben Leute Italien regierten. Genauso schwer ist heute zu vermitteln, warum in der politischen Landschaft ständig neue Blüten sprießen, die hinter ihren prächtigen Namen das immergleiche Personal versammeln – im Fall der linken Mitte allerdings auch eine nie abreißende Identitätskrise.

Von der Kommunistischen Partei zu den Linksdemokraten, von der Democrazia Cristiana zur Volkspartei, dann gemeinsam ins Ölbaumbündnis und in die neue Partei der Demokraten: am Ende dieses über fünfzehn Jahre langen Prozesses scheint der »historische Kompromiss« zwischen Ex-KPI und Ex-DC zwar verwirklicht, aber die Demokraten wissen immer noch nicht, ob sie sich linkskatholisch oder laizistisch, sozialdemokratisch oder sogar sozialistisch gebären sollen.

Da hat es das andere Lager scheinbar leichter. Ob »Forza Italia«, »Freiheitspol« oder »Haus der Freiheit« oder schließlich nach der Einverleibung der Nationalen Allianz »Freiheitsvolk« – die Parteispitze wurde nie gewählt, sondern von oben bestimmt, und oben war immer Berlusconi. Die Macht des Parteiführers ist erst durch die Abspaltung seines Kompagnons Gianfranco Fini und dessen Formation »Zukunft und Freiheit« ins Wanken geraten. Ausgerechnet Fini, der frühere Neofaschist und Berlusconis liebster Männerfreund, hatte durch seinen eklatanten Bruch mit Berlusconi dafür gesorgt, dass die Mehrheit in der Abgeordnetenkammer perdu war. Da konnte sich das »Freiheitsvolk« auf die ehemaligen Kommunisten in den eigenen Reihen schon stärker verlassen.

Denn unglaublich, aber wahr: In der strikt antikommunistischen Partei des früheren Sozialisten Berlusconi tummeln sich alte Kommunisten, allen voran der Parteikoordinator und Kulturminister Sandro Bondi. In diesem äußerlich so unauffälligen, rundlichen Mann mit den weichen Gesichtszügen lodert das Feuer des Konvertierten. Denn Bondi war Mitglied der Kommunistischen Partei, zwei Jahre lang sogar kommunistischer Bürgermeister seines Heimatortes Fivizzano in der Toskana, bevor ihn auf dem Weg nach Mailand der Blitzschlag des neuen Glaubens traf – ein befreundeter Bildhauer hatte den damals noch roten Bondi in den Mailänder Vorort Arcore mitgenommen, wo der Künstler gerade im Park der Villa San Martino die pyramidenförmige Grabkapelle des Besitzers Silvio Berlusconi gestaltete.

Bald wurde Bondis Unterwürfigkeit gegenüber dem Pharao Berlusconi sprichwörtlich. Der Exkommunist schrieb nun Oden an den Großunternehmer, diese Heldengedichte veröffentlichte das Klatschblatt *Vanity Fair*. Berlusconi revanchierte sich, indem er seinen Hofdichter beauftragte, die Bittstellerbriefe aus dem Volk möglichst blumig zu beantworten. Und irgendwann wurde Bondi zur Belohnung italienischer Kulturminister. Ein zweiter Exkommunist, den Berlusconi zum Minister für die Beziehungen zum Parlament berief, hat sich hingegen einen Namen als widerspenstiger Freidenker bei Hofe gemacht: Giuliano Ferrara, heute Chefredakteur der Tageszeitung *Il Foglio*. Im Unterschied zu Bondi, der sich im Ministerium aus Angst vor Kritikern verbarrikadiert, kann man den Dandy Ferrara besuchen. »Warum wollen Sie über Politik reden?«, schreibt er in seiner freundlichen Einladung. »Italienische Politik langweilt mich zu Tode.« Die Redaktion von *Il Foglio* befindet sich in einem Flachbau am Lungotevere Raffaello Sanzio, direkt am Tiber, im römischen Stadtteil Trastevere. Man tritt ein und steht sofort in der Großraumredaktion, in der Chefredakteur Ferrara gerade die Morgenkonferenz leitet. Er hält einen Monolog, er ist witzig, brillant, in Form. Die Kollegen lachen. Morgen wird im *Foglio* stehen, wie scheinheilig es ist, wenn sich die Linke über Berlusconis Partys mit Minderjährigen empört – und gleichzeitig Minderjährigen die Schwangerschaftsunterbrechung erlaubt.

Ferrara ist strikt gegen Abtreibung. Er führt einen Kreuzzug gegen die in Italien geltende Fristenlösung und hat sogar eine Antiabtreibungspartei gegründet. Einer der vielen Widersprüche im Leben dieses Mannes von enormer Körperfülle. Ferrara wurde 1992 durch eine Fernsehsendung auf einem Berlusconi-Kanal mit dem Titel »Lezioni d'amore« bekannt. Die Sendung berief sich auf Pier Paolo Pasolini, es ging um Sex und Ferraras Ehefrau war dabei. Nach dem Protest der damals regierenden Christdemokraten musste Berlusconi die Ferraras aus dem Programm werfen.

Heute ist Ferrara das glatte Gegenteil von dem, was er früher einmal war. Nur sehr dick war er schon immer. Ansonsten hat er sich sehr oft in seinem Leben radikal gewandelt, von links nach rechts, von antiklerikal zu bigott. Als junger Mann war er Kommunist wie seine Eltern. Sein Vater war Chefredakteur der damaligen Parteizeitung *Unità*, seine Mutter Partisanin und dann Privatsekretärin des kommunistischen Parteiführers Palmiro Togliatti. Der junge Giuliano arbeitete in den 1970er Jahren als »Fabrikverantwortlicher« für die KPI in Turin, ein wichtiger Posten, vertrat er doch die Partei bei Fiat. »Ich bin nur in diesem Fluss geschwommen«, sagt Ferrara über seine Zeit als Kommunist, »nie in anderen. Ich bin also ein richtiger Exkommunist geblieben.« Für Craxis Sozialisten war er im Europaparlament, dann kam Berlusconi und machte ihn zum Minister. »Aber immer ohne Parteibuch.« Von Togliatti zu Berlusconi, für Ferrara ist diese Evolution ein Beweis geistiger Freiheit und Beweglichkeit. Er holt sich seine Dackelhündin auf den Schoß, die Libé heißt, »weil sie am 14. Juli geboren ist«, dem Jahrestag der Französischen Revolution. Der Dackel leckt ihm begeistert das Kinn.

Wenn Ferrara über die »Zeit der Jakobiner« in Italien spricht, meint er jene Mailänder Staatsanwälte, deren Antikorruptionsermittlungen 1992 die politische Klasse sprengten. »Dann kam Berlusconi mit seinem Appeal. Für mich war es aber nie eine Frage der Faszination. Sicher, er ist sehr sympathisch, wir sind Freunde geworden. Aber Berlusconi war schon damals für mich das kleinere Übel. Ohne ihn hätte die Linke gewonnen und die italienische Regierung wäre die Marionette der Richter aus Mailand geworden. Eine Horrorvorstellung. Gott schütze uns vor italienischen Jakobinern!« Für Ferrara sind die Staatsanwälte Robespierre und Berlusconi ist Napoleon, eine Ansicht, die er mit dem Regierungschef teilt.

Auf Recht und Gesetz zu pochen sei ein Geschäft für Fanatiker ohne Humor und Esprit, kurz: für Stalinisten. Ferrara liebt die Übertreibung, er hasst die Langeweile, auch das hat er mit Berlusconi gemein. »Berlusconi hat am Anfang großes Theater voller Überraschungen geboten. Bis heute ist der politische Bipolarismus sein Verdienst. Dank Berlusconi gibt es keine Staatspartei wie die Democrazia Cristiana mehr, sondern es ist zwischen zwei großen politischen Blöcken ein Wechsel möglich.« Ansonsten, sagt Ferrara, fühle er sich ziemlich desillusioniert. »Lange habe ich das Fernsehen für die Fortsetzung der Politik mit anderen Mitteln gehalten – inzwischen bin ich weg vom Fernsehen, weil ich feststellen musste, dass es vor allem zur Verblödung der Leute benutzt wird. Das gilt natürlich auch für Podiumsdiskussionen mit Philosophen und Schriftstellern. Alles ist Teil des Circus, alles verblödet die Leute.«

Zum Glück gibt es den Heiligen Vater. Im Eingang zur Redaktion hängt die *Foglio*-Ausgabe über die Wahl von Joseph Ratzinger zum Papst. Ferrara verehrt Benedikt XVI. Was verbindet den Papst mit Silvio Berlusconi? »Gar nichts natürlich. Der eine ist heilig, der andere profan. Ja, ich verehre Ratzinger. Ein großer Geist, ein Gelehrter. Ich glaube, Italien ist nicht zu retten, und das hängt nicht davon ab, wer uns regiert. Nur eine große Kulturrevolution kann uns helfen oder eine weniger nachsichtige katholische Kirche.« Weniger nachsichtig? Auch mit Berlusconi? »Berlusconi ist nun mal nicht der zurückhaltendste Mensch der Welt. Es gibt Leute, die sind ihr ganzes Leben lang mit derselben Frau zusammen und begnügen sich damit, ihr jeden Abend Rilke-Gedichte vorzulesen. Berlusconi ist nicht so ein Typ.

Aber er ist auch kein De Sade oder Blaubart. Er ist einfach nur ein Papi. Das war er immer: ein Paterfamilias.«

Schlimm findet Giuliano Ferrara ganz andere Dinge. Die Partnerschaft zwischen Homosexuellen zum Beispiel. »Finden Sie das natürlich, eine Ehe zwischen zwei Männern?«, erregt er sich. »Das bleibt steril, die können keine Nachkommen erzeugen.«

Ferrara ist verwirrend, weil er so haltlos erscheint. Er bedient sich aus dem Supermarkt der Ideologien und der Ethik, wie es ihm gefällt. Das ist typisch für einige Repräsentanten des Berlusconismus und nicht zuletzt für Berlusconi selbst. Für sie steht der Unterhaltungswert der Politik im Vordergrund, nicht die öffentliche Sache. Eine Politik der austauschbaren Ideale und Idole, die nichts anderes ist als sophistisch verbrämter, knallharter Individualismus. Nie waren die Lobbys stärker als heute, hat der Präsident des Kartellamts geklagt – einer wie Giuliano Ferrara beherrscht es meisterhaft, sich immer neue Lobbys zu schaffen und immer oben zu schwimmen.

Aber es gab da ein Problem, das erschien selbst diesem wendigen und geistreichen Journalisten unlösbar. Seine Verlegerin war Veronica Lario, die Exehefrau von Silvio Berlusconi. »Eine wunderbare Frau«, sagt der Chefredakteur, er wird auf einmal sehr einsilbig. Sie sei diskret, intelligent, zutiefst liberal. Als der Rosenkrieg ausbrach, in dem *Il Foglio* sich schnell auf die Seite des Ehemannes schlug, rief Giuliano Ferrara die Verlegerin an. »Ich erklärte ihr, dass ich mich in Verlegenheit befände.« Veronica Lario verstand. Sie wusste: Nicht der Exkommunist Ferrara würde ihr zusetzen, sondern der Exfaschist Ghedini. Rechtsanwälte sind in Berlusconis Italien so viel mächtiger als Journalisten. Und als Politiker erst recht.

Kapitel VI

ROM: MANEGE FREI BEI MAMMA RAI

Wie Italiens Fernsehmänner die Demokratie zerreden

Bei Italiens mächtigstem Journalisten blättert der Putz
von den Wänden. Bruno Vespas Büro an der römischen
Viale Mazzini atmet den schrillen Charme der 1970er
Jahre: grüner Linoleumboden, gelb getünchte Wände,
ein Besprechungstisch mit Kunststoffstühlen, ein Klei-
derständer aus Aluminium. Ein enges Treppenhaus führt
zu ihm nach oben, einen Aufzug gibt es nicht. So ist das
bei der Radiotelevisone Italiana, die der Volksmund früher mal Mamma RAI nannte. Früher, als das Staatsfernsehen noch populär war, so katholisch, treu und fürsorglich zu seinem Publikum wie eine italienische Mutter.

Vespa war damals schon dabei, er kam 1968, und
seither kann man sich das Staatsfernsehen ohne ihn gar
nicht denken, er ist die Inkarnation eines RAI-Journalis-
ten – erst Reporter, dann Chefredakteur der Hauptnachrichtensendung, schließlich Talkmaster. Inzwischen ist er
im Pensionsalter, aber weil die Zuschauer das Gefühl be-
schleichen könnte, beim Abgang der Symbolfigur Vespa
würde die verwaiste RAI bald ganz verdunkelt, arbeitet
er einfach immer weiter. Mit dieser leise schnarrenden
Stimme, den stechenden Augen, dem bulligen Gesicht,
das frappierend an Benito Mussolini erinnert.

Hartnäckig hielt sich über Jahre das Gerücht, Bruno Vespa sei ein uneheliches Kind des »Duce«, der just neun Monate vor des Journalisten Geburt 1944 in den Abruzzen einquartiert war, im Hotel »L'Aquila« auf dem Gran Sasso, wo Vespas Mutter als Zimmermädchen arbeitete. Lange verzichtete der Journalist darauf, die Mär seiner Herkunft zu dementieren, amüsiert nährte dieses Gerücht auch die »Duce«-Enkelin Alessandra Mussolini, ein Dauergast in Vespas Fernsehsalon. Bis irgendwann Bruno Vespa die Spekulationen zerstreute. Da war er schon berühmt genug und hatte seine eigene Legende.

Er ist zum Beispiel der einzige Fernsehjournalist der Welt, in dessen täglicher Talkshow »Porta a Porta« (Tür an Tür) ein Papst anrief. »13. Oktober 1998, Sendung zum 20. Jahrestag des Amtsantritts von Johannes Paul II.«, schnarrt sachlich Bruno Vespa. »Die Stimme ist ja unverwechselbar.«

Die Papststimme dröhnte damals: »Buonasera Vespa. Ich wollte Ihnen danken.« Und der Moderator stammelte: »Heiligkeit! Welche Überraschung.« Das war gespielt, denn überrascht war natürlich keiner, abgesehen vielleicht von den Zuschauern. Und bei ihnen landet der Moderator Vespa damit seinen größten Coup. Den Leuten zu zeigen: An mir kommt keiner vorbei, noch nicht mal der Papst. Als Wojtyła starb, trug Vespas Marathonsendung den Titel »Addio, Karol«, ganz so, als wäre man per du gewesen. Der Nachfolger, Joseph Ratzinger, rief dann allerdings nicht mehr an, und Bruno Vespa musste sich im Pontifikat des deutschen Papstes mit Talk zu Mutter Teresa und der weinenden Madonnenstatue von Civitavecchia zufriedengeben.

»Porta a Porta« ist die zentrale Arena des Circus Italia, der Beweis dafür, wie Kirche und Parlament in der italienischen Postdemokratie durch einen Fernsehsalon mit sechs weißen Sesseln ersetzt werden konnten, zu denen sich die Gäste unter der Titelmelodie des Hollywood-Klassikers »Vom Winde verweht« begeben. Neben Vespa sitzen dort Heilige und Scheinheilige, Kirchenmänner und sehr leicht bekleidete Showgirls – die Ehefrau des Fußballers Francesco Totti berichtete einmal, der Talkmaster habe sich darüber beschwert, dass sie in Hosen erschienen sei. Denn Hosen trügen in seiner Sendung schon die »seriösen Herren«, also jene Politiker von weit links bis stramm rechts, jene Wirtschaftskapitäne und Gewerkschaftsführer, Schönheitschirurgen und Psychologen, Meinungsforscher und Rechtsanwälte, die »Porta a Porta« bevölkern.

Bei Vespa wurde über Monate die brutale Tötung an einem Dreijährigen im Piemont diskutiert und über Schuld und Unschuld der verdächtigten und später verurteilten Mutter befunden – mit einem Holzmodell des Hauses, in dem das arme Kind gestorben war. Denn noch bevor sich die Tore der irdischen Gerichte öffnen, schließt sich die Kulissentür von »Porta a Porta«. Für Vespa kochte Italiens erster exkommunistischer Premier Massimo D'Alema daheim in seiner Küche Pilzrisotto, und die RAI übertrug das als Sondersendung live. Bei Vespa gab es einen veritablen Boxkampf zweier politischer Gegnerinnen. Vor laufenden Fernsehkameras rauften sich die rechtsextreme Berufsenkelin Alessandra Mussolini und die kommunistische Ministerin Katia Bellillo. Die Linke gewann übrigens nach Punkten.

Nach der Droge, die in massiven Dosen Dottore Vespa verabreicht, wurde ganz Italien süchtig – auch jener Teil, der vorgibt, nicht hinzusehen. Die Droge, das ist eine bunte Mischung der Protagonisten und eine Themenpalette von Generalstreik bis Diätplan, von Heiligsprechung bis Pornodiva, von den Anschlägen des 11. September 2001 bis zum »Attentat« eines psychisch Kranken, der dem Ministerpräsidenten Berlusconi ein Modell des Mailänder Doms an den Kopf warf. Alles das und noch viel mehr wird unter Vespas bewährter Anleitung ironiefrei zerredet, von seinen fleischigen, gern feixend ineinander verschränkten Händen zerrieben, seit 1996 täglich von montags bis freitags, immer zwischen 22 und 1 Uhr. Es geht um alles und um nichts, und es hat im Gegensatz zu den unterbesetzten Sitzungen des Parlaments fast immer Konsequenzen. In seinem blau eingerichteten Studio wird die hohe Messe der Unterhaltungsdemokratie exerziert, die Liturgie des »Ich quatsche, also bin ich«. Der Säulenheilige des Vespismus heißt Silvio Berlusconi. Der beflissenste Assistent des Berlusconismus heißt Bruno Vespa. Berlusconis Auftritte bei Vespa waren zahlreicher als im Parlament, dem der Ministerpräsident höchstens ein Mal im Jahr die Ehre gab, ein deutliches Zeichen der Geringschätzung. Wenn es wichtig wird, begibt sich Berlusconi lieber in den Salon von »Porta a Porta«, dort warten in den weißen Sesseln handverlesene Fragesteller. Manchmal wartet auch niemand außer Vespa, den Berlusconi »Doktor« nennt – der Journalist ist promovierter Jurist. Vespa redet seinen Gast mit »Presidente« an und schlüpft geschmeidig in seine Rolle als stummer Diener.

Aber nein! Das will er nicht auf sich sitzen lassen. Ruhig, fast sanft sagt in seinem Büro Doktor Vespa: »Wenn ein Gast zu mir kommt, soll er sich wohlfühlen. Es kommt doch darauf an, welche Fragen man stellt. Meinen Kritikern sage ich: Habe ich Fragen ausgelassen, die ihr gestellt hättet? Und ich warte bei ihnen noch auf Antwort.«

Wie soll man aber einem Mann kritische Fragen stellen, der Jahr für Jahr ein neues Buch des Hofschreibers Bruno Vespa herausbringt und damit Jahr für Jahr Auflagenrekorde erzielt? Denn Silvio Berlusconi ist ja nicht nur Regierungschef und gleichzeitig Besitzer des größten RAI-Konkurrenten Mediaset. Berlusconi besitzt auch das Verlagshaus Mondadori, das Vespas Bücher verlegt. Und Berlusconi übernimmt für Doktor Vespa immer wieder gern die Buchpräsentation.

»Finden Sie das merkwürdig?«, fragt Vespa. Er selbst findet es … ja, wie? Normal? Leise lächelt er sein Lächeln, spitzmündig, undurchdringlich, und raunt: »Aber in Berlusconis Verlagen publizieren doch auch die Politiker der Opposition.« Das ist wahr, allzu wahr. In den drei großen Verlagen, die Berlusconis Familie gehören, veröffentlichen tatsächlich auch seine politischen Gegner. Politiker der Opposition, Schriftsteller der Opposition, Journalisten der Opposition. Sie alle machen mit ihren Werken Berlusconi noch ein bisschen reicher. Meistens rechtfertigen Berlusconis Gegner die absurde und beunruhigende Tatsache, dass sie selbst bei Berlusconi Geld verdienen und dass Berlusconi mit ihren oppositionellen Ideen noch mehr Geld anhäuft, mit dem Argument, zwar gehöre der Verlag dem bösen Dämon Berlusconi, aber der Dämon mische sich in die Verlagsabläufe ja gar nicht ein. Deshalb seien seine Verlage intellektuell unabhängig.

Solche Betrachtungen führt Bruno Vespa erst gar nicht ins Feld. Er hat es nicht nötig. Er sagt: »Jedes Räuspern von mir wird danach bewertet, ob es links oder rechts war. Ich bin ein Mann der Mitte.«

Aber es geht nicht darum, wen der mächtigste Journalist Italiens wählt. Ob Vespa persönlich links oder rechts oder mittig ist, ist gar nicht so wichtig, obwohl man ihm natürlich vorhalten könnte, dass er sich nach links sehr viel vernehmlicher räuspert als nach rechts. In grauer Vorzeit hatte er einmal die damals regierende Democrazia Cristiana als seinen Arbeitgeber bezeichnet, was natürlich Unsinn war, denn Bruno Vespas Arbeitgeber ist das Staatsfernsehen und verpflichtet ist er eigentlich nur den Gebührenzahlern.

Wesentlicher als seine politischen Sympathien aber ist, was der Moderator Vespa in seiner staatstragenden Sendung Tag für Tag, Jahr für Jahr als normal verkauft, als demokratietauglich, als erträglich. Stetig und immer diskret träufelt Doktor Vespa seinem Millionenpublikum jenes Gift in die Venen, das unaufhaltsam jeden Sinn für Objektivität zerstört. Und es wird normal, dass Frauen sich halb ausgezogen präsentieren müssen, wenn sie neben Anzugträgern ins Fernsehen kommen wollen. Es ist normal, dass sich die halbnackte Miss Italia neben den Regierungschef setzt, der dann gefragt wird, ob dieses Mädchen denn wirklich die »bellezza italiana« präsentiere. Es ist normal, dass der Ministerpräsident in einem stundenlangen Monolog zuerst seine Noch-Ehefrau und dann die Richter und die oppositionelle Presse beschimpft. Ebenso, wie es normal ist, dass Berlusconi im Wahlkampf an einem bei Vespa bereitstehenden Schreibtisch einen »Vertrag mit den Italienern« unterzeichnet, den die Italiener natürlich nicht gegenzeichnen können, weil sie passiv vor der Glotze sitzen. Wenn ein Fernsehmann in Europa Politik konsequent als reine Unterhaltung präsentiert, so ist das Bruno Vespa. Die Historiker des 22. Jahrhunderts werden, wenn sie über den Niedergang der noch so jungen italienischen Demokratie forschen, die Aufnahmen seiner Sendungen sezieren. Und viel mehr brauchen sie dann eigentlich auch nicht.

Bruno Vespa ist ein Profi. Sein Beispiel zeigt, wie subtil und wie gekonnt die Regeln politischer Berichterstattung durch populistisches Infotainment ausgetauscht werden können. In anderen europäischen Fernsehanstalten wird es ähnliche Phänomene auch geben, aber ganz sicher ist Vespa ein Meister aller Klassen. Natürlich kommt er nicht aus dem Nichts – den jeweils Herrschenden die Steigbügel zu halten hatte bei der RAI schon eine lange Tradition, bevor die Mächtigen das Zügelwerk der Demokratie vollends abstreiften. Und im RAI-Circus gibt es heute noch ganz andere Figuren, die weniger professionell zwischen Show und Politik schwanken als der Journalist aus L'Aquila. Figuren wie der Talkmaster Michele Santoro, der es schaffte, Solidaritätsadressen aus aller Welt zu kassieren, als Silvio Berlusconi seine Abberufung forderte.

Santoro saß eine Zeitlang für die linke Mitte im Europaparlament, aber eine ganze Legislaturperiode schaffte er in Straßburg doch nicht, die richtige Politik war ihm viel zu langweilig. Also kam er wieder zurück auf den Sender, verstärkt durch ein blutjunges, adliges Model. Die schöne und begabte junge Frau, Schwägerin des Fiat-Präsidenten John Elkann, hatte keinerlei journalistische Erfahrung, von Santoro wurde sie als dekoratives Element eingesetzt wie die zahlreichen langbeinigen Assistentinnen in italienischen Fußballsendungen. Im Unterschied zu Bruno Vespa bemüht sich Michele Santoro nie, seinen Abscheu gegen gewisse Gäste zu verbergen. Er weist sie zurecht, er putzt sie herunter oder er schmeichelt ihnen, ganz wie ein Dompteur im Raubtier-gehege. Santoro ist ein linker Populist. Es geht ihm nicht um Information oder Aufklärung, er betreibt Politik als Schlammschlacht, und Politiker sind bei ihm Gladia-toren, über deren Wohl und Wehe er den Daumen hebt oder senkt wie das spätrömische Publikum im Kolos-seum. In Santoros Talkshow-Arena »Anno Zero« wird gestritten, geflucht und geschrien, dass die Zuschauer oftmals kein Wort mehr verstehen. Dabei werden nicht Beziehungsprobleme verhandelt wie in den eindeutigen Trash-Programmen des Berlusconi-Senders Mediaset oder in den nicht minder entwaffnenden Realityshows der RAI-Programme, sondern alles dreht sich um Po-litik, und man fragt sich: Wer hat eigentlich wen in der Hand? Die Politiker das Fernsehen oder doch das Fern-sehen die Politiker? In die Hände von Michele Santoro möchte man jedenfalls nicht geraten – dabei ist sein Händedruck ganz weich.

Das schillerndste Element im Staatsfernsehen ist aber nicht dieser Raubtierdompteur, sondern ein echter Prinz. Als Enkel des letzten italienischen Königs Umberto IV. prägt der 1972 geborene Emanuele Filiberto von Savo-yen sozusagen das dynastische Gütesiegel für die riesige Volksberieselungsmaschine RAI. Der »Kronprinz« arbei-tete aus seinem Genfer »Exil« schon für eine RAI-Show, als ihm die Grenzen Italiens noch versperrt waren. Da-mals kommentierte Emanuele Filiberto per Liveschal-tung in die Villa seiner Eltern Spiele seines Lieblings-Fußballvereins Juventus Turin.

Nach Italien einzureisen war den männlichen Mit-gliedern des Hauses Savoyen verboten, nachdem die Re-pubblica Italiana die Königsfamilie wegen deren Verbandelung mit dem Faschismus aus dem Land gejagt hatte. Ein halbes Jahrhundert später war der Faschismus in Italien wieder salonfähig, die armen Savoyer aber mussten immer noch draußen bleiben. Kaum war im Jahr 2002 das Einreiseverbot für nicht mehr zeitgemäß befunden und aufgehoben worden, da wünschten die Italiener es sich zurück. Denn die Savoyer gaben, anstatt sich wie unauffällige Bürger zu verhalten, eine absurde Vorstellung nach der anderen.

Emanuele Filibertos Vater Vittorio Emanuele landete wegen eines undurchsichtigen Handels mit Spielautomaten im Gefängnis und ließ aus der Untersuchungshaft im süditalienischen Potenza huldvollst mitteilen, seine Lieblingslektüre sei das deutsche Kinderbuch »Der Struwwelpeter«. Was natürlich nicht strafbar ist, aber doch auf eine gewisse Infantilität des Königssohns schließen lässt. Welcher, kaum befreit, mit Sprössling Emanuele Filiberto in Bruno Vespas Fernsehsalon Platz nahm, um der Republik Italien die Schadensersatzforderung für die bitteren Jahre im Schweizer Exil entgegenzuschleudern: 260 Millionen Euro.

Mit ihrer Forderung kamen die Savoyer nicht weiter, da beschloss Emanuele Filiberto, Geld zu verdienen mit den beiden Geschäftszweigen, die in Italien am vielversprechendsten waren: Fernsehen und Politik. Doch sein Versuch, sich einen Platz im größten und bestbezahlten Parlament zu sichern, schlug zweimal fehl, wenngleich der Prinz sich in bester republikanischer Tradition innerhalb von zwei Jahren mit zwei verschiedenen Parteien präsentierte. 2008 kandidierte er mit seiner eigenen Liste »Werte und Zukunft« für die Abgeordnetenkammer und landete abgeschlagen auf dem letzten Platz. Bei der Europawahl 2009 lief es etwas besser, damals ließ der

Königsenkel sich für die christdemokratische UDC aufstellen und erhielt immerhin 20 000 Stimmen. Zu wenig für einen Sitz in Straßburg.

Blieb das Fernsehen, und hier zündete Emanuele Fililiberto wie eine Rakete. Den Italienern war er schon aus einem Werbespot für Essiggurken bekannt, als er 2008 in der Jury einer Talentshow im Berlusconi-Programm Canale 5 auftauchte. Ein Jahr später war der Prinz bei der RAI unter Vertrag und gewann als Teilnehmer den Wettbewerb »Tanzen mit Stars«. Ein Kronprinz als bester Eintänzer, dabei hätte Emanuele Filiberto es bewenden lassen können, stattdessen versuchte er sich als Sänger – und wurde mit seiner unsäglichen Schnulze »Italia amore mio« beim Schlagerfestival von San Remo Zweiter. Das Publikum wollte es so, dabei hatte das Orchester sich zeitweilig geweigert, den Song über des Prinzen Leiden im Exil zu untermalen. Die Orchestermusiker hielten das Lamento des Königsenkels für unerträglich!

Der komische Adlige wurde trotzdem omnipräsent. Im staatlichen Radio moderierte er eine Sendung über Geschichte – ausgerechnet. Im Fernsehen stieg er zum Moderator auf, und natürlich war er auch dabei, als Miss Italia die Krone aufgesetzt wurde. »Ich bin Erbe einer bedeutenden Familientradition«, schreibt der Prinz über sich selbst. »Diese bedeutet Prestige, verlangt aber auch Einsatz, und ich versuche, mit Selbstverleugnung und Pflichtbewusstsein mein Bestes zu geben. Ich habe mich immer als italienischer Bürger gefühlt und mein Möglichstes getan, um meiner Heimat und ihren Menschen nahe zu sein.« Deshalb auch der Einsatz im Fernsehen – der Kronprinz behauptet ernsthaft, er wolle auf diese Weise den Italienern nahe sein. Noblesse oblige. Seine Gemahlin, eine französische Schauspielerin, tritt aus ähnlichen Gründen im Pariser Nacktvarieté Crazy Horse auf.

Vespa, Santoro, Emanuele Filiberto. Drei Männer, ein Programm: die innere Aushöhlung der Radiotelevisione Italiana als Informations- und Kulturorgan. Keine dieser beispielhaft ausgewählten Figuren ist erklärter Vasall Berlusconis, keiner der drei wurde von Berlusconi eingesetzt, Santoro stattdessen sogar bekämpft. Und doch zeigen sie, wohin eine öffentlich-rechtliche Fernsehanstalt abdriften kann, wenn es ihr nur noch darum geht, das eigene Publikum zu Tode zu amüsieren. Es gibt in der RAI verschwindend wenige journalistische Programme. Und diese Programme werden systematisch sabotiert, indem die aus Regierungsvasallen bestehende RAI-Führung etwa die Verträge für die Mitarbeiter bis kurz vor Sendeschluss nicht unterzeichnet oder »gefährliche« Folgen mit fadenscheinigen Begründungen absetzt. Die Nachrichtensendungen sind zu Propagandainstrumenten verkommen, wobei auf den ersten beiden Kanälen den Mitte-Rechts-Parteien das Loblied gesungen wird, während im dritten Kanal aus der Mitte-Links-Perpektive gefunkt wird. Erlaubt ist, was gefällt. Nicht unbedingt erlaubt sind kritisches Nachfragen, saubere Recherche, Unabhängigkeit. Früher empfand sich die RAI als Konkurrenz zum Privatfernsehen, also zu Berlusconis Mediaset. Heute sind die Showmaster aus den Mediaset-Kanälen Stargäste bei den großen Events der RAI. Man macht sich keine Konkurrenz mehr, weil man ja ohnehin für eine Sache arbeitet: die Umwandlung Italiens in eine Telekratie, in der Unterhaltung Staatsreligion ist.

Und manchmal wird dabei auch der Tod zur Realityshow. Der erste Fall von »la morte in diretta« (Tod auf dem Sender) ereignete sich bereits im Juni 1981. Damals begleitete die RAI in einer 18-stündigen Marathonsendung den Todeskampf des kleinen Alfredino Rampi, der in Vermicino bei Rom in einen Brunnen gefallen war. Die Rettungskräfte bemühten sich vergebens, den Sechsjährigen lebend zu bergen – die RAI machte aus dem Wettlauf zwischen Leben und Tod ein Fernsehdrama, live auf allen Kanälen. Der Fall Vermicino löste seinerzeit eine erhitzte Debatte aus und markierte einen Meilenstein in der italienischen Mediengeschichte – ähnlich bedeutend wie die Diskussion zur Berichterstattung über das Gladbecker Geiseldrama im August 1988 für die deutsche Medienlandschaft. Doch während Gladbeck in Deutschland einen Tiefpunkt bedeutete – Journalisten hatten während der Geiselnahme die Täter interviewt und waren im Fluchtauto mitgefahren –, war Vermicino nur der Anfang einer unheilvollen Entwicklung, in der sich die ethischen Grenzen der Fernsehberichterstattung immer weiter verschoben.

Im Berlusconismus verdrängten Diskussionssendungen über Familientragödien oder Verbrechen immer mehr die politische Berichterstattung. Und selbst in den Nachrichtensendungen der RAI besetzte die so genannte Cronaca Nera, die »schwarze« Verbrechenschronik, fast 11 Prozent aller Nachrichten. Oft waren diese Kriminalfälle Aufmacher. In den Nachrichtensendungen zur Hauptsendezeit wurde allein über den bereits erwähnten Kindsmord von Cogne 508-mal berichtet, ein Nachbarschaftsmord im norditalienischen Erba tauchte in den Fernsehnachrichten 499-mal auf. Ein Mord im Studentenmilieu von

Perugia schaffte es sogar 941-mal. Alle Daten hat das unabhängige Observatorium in Pavia ermittelt. Und doch ist die Sehnsucht der Italiener nach einem Fernsehen der Ideen, der Kultur und der Information so groß, dass die von dem Schriftsteller Roberto Saviano mitgestaltete Sendung »Komm fort mit mir« Einschaltquoten erzielten wie sonst die Länderspiele der Fußballnationalmannschaft.

Ein erschreckendes Beispiel für die Dauerbombardierung der Emotionen ist die Berichterstattung über ein Familiendrama in Avetrana, einer Kleinstadt in Apulien. Hier, auf dem flachen Land zwischen Tarent und Lecce, war Ende August 2010 ein 15-jähriges Mädchen verschwunden. Über die wochenlange Suche berichteten alle Medien ausführlich, dabei kamen die Verwandten der Vermissten ebenso zu Wort wie das Tagebuch des jungen Mädchens. Bald kannte das ganze Land ihren Vornamen Sarah und ihr weiches Jungmädchengesicht mit den langgeschnittenen Augen.

Je länger die Suche anhielt, desto absurdere Züge nahmen die Berichte an. Die Familienangehörigen gaben fast täglich Interviews, beschuldigten und vertrugen sich wie die Darsteller in einer Telenovela. Der traurige Höhepunkt ereignete sich schließlich im 3. RAI-Programm während der Show »Gesucht wird ...«. Zu später Stunde setzte da die Moderatorin die Mutter der Vermissten darüber in Kenntnis, dass ihre Tochter soeben tot gefunden worden sei. Natürlich live, die Trauer, das Entsetzen wurden nur durch die Werbepause unterbrochen.

Und das Staatsfernsehen übertrug schließlich auch Sarahs Beerdigung, die Trauerfeier vom Sportplatz in Avetrana, zu der rund 10 000 Trauergäste erschienen waren, um immer wieder dem jungen Mädchen im weißen Sarg zu applaudieren. Denn in Italien gibt es Applaus für die Toten – und außerdem war Sarah in gewisser Hinsicht ja ein Fernsehstar geworden. Genau wie ihr Mörder, der Onkel. Ein kleiner, hässlicher, vorzeitig gealterter Mann mit von der Landarbeit ewig schmutzigen Händen hatte seine strahlend schöne blonde Nichte erwürgt und sich anschließend an ihr vergangen, daraus machten die Medien Shakespeare in Apulien.

Weil auch das Publikum Teil dieser Aufführung sein wollte, ging nach der Beerdigung die Sarah-Horror-Show weiter und Avetrana wurde zum neuen Wallfahrtsort des Gruseltourismus. Am Sonntag, wenn die Erstliga-Fußballspiele abgepfiffen waren, setzten sich die Leute ins Auto und fuhren an den Ort der Familientragödie, fotografierten sich und ihre Kinder vor dem Haus des Opfers, dem Haus des Mörders, dem Grab, winkten in die Fernsehkameras. In Avetrana gab es dann einen riesigen Stau wie andernorts zum Dorffest oder zur Prozession, an einem Sonntag zählte die Polizei 1400 Autos rund um die Pilgerstätten der Horrorgemeinde. Der Zivilschutz wurde angefordert, das Verkehrsknäuel zu entwirren, leider bedeutet aber Zivilschutz nicht Schutz der Zivilisation.

»Tragödien wie die in Apulien ängstigen uns, aber gleichzeitig beruhigen sie uns auch«, schrieb der Mediensoziologe Ilvo Diamanti. »Sie streifen uns, aber sie betreffen die anderen.« Denn niemals werde das jeweils prominent aufgeführte Drama von den Medien in einen größeren Zusammenhang eingeordnet – in die Problematik sexueller Gewalt in Familien zum Beispiel. So ist jede Tragödie quasi herausgelöst aus dem gesellschaftlichen

Zusammenhang, sie steht nur für sich allein. Über einige Wochen oder Monate verfolgt die Nation das Schicksal der vormals namenlosen Protagonisten, sodann versinken sie wieder im Dunkeln. Wann, das bestimmen die Regisseure der Alltagsdramen, die Hohepriester des Unterhaltungskults, die Profis des Showgeschäfts. Sie allein bleiben, und oftmals bleiben sie ewig.

Wie der Showman und Quizmaster Mike Bongiorno, der mit 85 Jahren von der Bühne trat und mit einem Staatsbegräbnis im Dom zu Mailand geehrt wurde. Gleich drei Mal wurde die Stunden dauernde Begräbnisfeier live übertragen, in der RAI, bei Mediaset und in Rupert Murdochs Bezahlfernsehen Sky, wo Bongiorno zuletzt unter Vertrag stand. Politiker und Showgrößen trafen sich am Sarg des Fernsehveteranen, über den Umberto Eco schon 1961 den in Italien berühmten Essay »Phänomenologie des Mike Bongiorno« verfasst hatte – mit der These, die Italiener identifizierten sich so rückhaltlos mit diesem kleinen Mann, weil er genauso schlicht, reaktionär und ungebildet sei wie sein Publikum.

»Er träumte davon, Senator zu werden«, sagte Silvio Berlusconi über den Verstorbenen: nun, das war Bongiorno und Italien tatsächlich nicht mehr vergönnt gewesen, der erste Showstar als Senator auf Lebenszeit, neben den ehemaligen Staatspräsidenten und der Nobelpreisträgerin Rita Levi Montalcini. Aber es hätte nicht mehr viel gefehlt, und im Oberhaus des italienischen Parlaments hätte ein Mann gesessen, dessen politisches Credo aus einem einzigen Wort bestand. Mike Bongiornos Markenzeichen war das gekrähte »Allegria!«. Übersetzt heißt das: »Stimmung!« Und es klang wie ein Befehl.

Kapitel VII

L'AQUILA: WARTEN AUF
WIEDERAUFERSTEHUNG

Wie eine vom Erdbeben zerstörte Stadt ersetzt wird

Zwei Tage nach dem Beben irrt durch die Trümmer von L'Aquila eine gut gekleidete Signora, sorgfältig frisiert, mit Perlenkette. An der Hand trägt sie eine Reisetasche mit ihren Habseligkeiten, die Tränen laufen ihr über das schöne Gesicht. Sie hat Glück gehabt: Keine Toten in der Familie, keine Verletzten, nur die Wohnung eingestürzt und unzugänglich, aber draußen vor der Stadt warten schon die Verwandten, um sie in ihr Ferienhaus am Meer zu bringen. Glück im Unglück, ihre Tränen sind Zeichen der Trauer um ihre Stadt und der Angst. »Denn wir alle haben Angst, vergessen zu werden.«

Bloß nicht vergessen. Das sagten die Angehörigen der 308 Menschen, die in ihren Häusern erschlagen und verschüttet worden waren, als am 6. April 2009 um kurz nach halb vier Uhr morgens ein Erdstoß von der Stärke 5,8 auf der Richterskala die Hauptstadt der Abruzzen in Trümmer legte. Bloß nicht vergessen. Das sagten die über 65 000 Obdachlosen, die anfangs in großen Zeltlagern untergebracht waren, versorgt von vielen freiwilligen Helfern, denn Italien mobilisierte sich rasch, lautlos und effizient, um den Opfern Essen, Kleidung und Zelte zu bringen, um den verängstigten Kindern die Zeit mit Krankenhausclowns zu vertreiben und die Erwachsenen mit Priestern und Psychologen zu trösten.

Für die Toten wurde am Karfreitag eine ergreifende Messe gelesen, die kleinen weißen Kindersärge auf den großen dunklen ihrer Eltern, der Staatspräsident, die Regierung, eine Botschaft vom Papst. Der Ministerpräsident gesellte sich nicht zu den übrigen Staatsgästen, sondern zu den Hinterbliebenen. Er umarmte sie, er weinte mit ihnen, ein Regierender zum Anfassen, sogar zum Umklammern – die Leibwächter hielten sich diskret im Hintergrund. Schließlich war Berlusconi jetzt in der Rolle des Familienvaters der Nation.

Und L'Aquila war schon die neue Hauptbühne der italienischen Politik. In den Zeltlagern für die Obdachlosen flanierte die Prominenz von Regierung und Opposition, begleitet von unzähligen Fernsehkameras auf den Bohlenwegen zwischen den Zelten, als seien es Laufstege. Berlusconi richtete sich in der verwüsteten Stadt demonstrativ ein provisorisches Büro ein und verlegte die erste Kabinettssitzung nach Ostern in die Erdbebenregion. Statt im Anzug wie in Rom lief er nur noch im Pullover herum: Seht her, ich bin der Erste, der hier die Ärmel aufkrempelt. Hemdsärmelig verfügte er, das Gipfeltreffen der G8 von der wunderschönen Insel La Maddalena vor Sardinien in die Trümmerlandschaft von L'Aquila zu verlegen.

Die Ruinen passten besser zur Weltwirtschaftskrise – La Maddalenas Traumstrände hätten eher an einen luxuriösen Badeurlaub denken lassen. Leider hatte die Herrichtung der Insel für den Gipfel schon 300 Millionen Euro gekostet, aber das war jetzt nicht so wichtig. Als Fernsehmann weiß Berlusconi, was die richtige Kulisse wert ist, und La Maddalena war jetzt genauso teuer wie wertlos. Berlusconi wollte den Blick der Weltöffentlichkeit auf die Abruzzen lenken, auf die Katastrophe, die eine wildgewordene Natur hinterlassen hatte. Und auf sich selbst, auf seine eigenen Fähigkeiten als Krisenmanager, der auch damit noch fertig würde. Pech nur, dass in den Tagen vor dem Gipfeltreffen die ersten Geschichten über wilde Partys in Berlusconis Residenzen laut geworden waren, und durch die Medien geisterten die ersten Bilder junger, schöner Frauen, mit denen sich der Regierungschef gern umgab. Auch in seiner Villa auf Sardinien, einen Katzensprung von La Maddalena entfernt. Eine Villa mit Bootshafen, Kakteengarten, Amphitheater und sogar einem kleinen, künstlichen Vulkan, eine Villa, so glamourös wie Berlusconi. Putin war dort zu Besuch gewesen, und als Tony Blair kam, trug Berlusconi sogar eine Piratenkappe – um sein frisch eingepflanztes Haupthaar vor Sonne zu schützen.

In L'Aquila wurde das Piratentuch durch einen Helm ersetzt und die Frauengeschichten durch die Mär vom baldigen Wiederaufbau. Durch das Trümmerfeld staksten an diesen heißen Sommertagen Obama, Merkel und Sarkozy – und natürlich Carla Bruni, die angesichts des Leidens in ihrer alten Heimat Italien sehr telegen eine Träne verdrückte. Berlusconis Noch-Ehefrau war nicht erschienen, sie verbarrikadierte sich in ihrem Schloss bei Mailand. Die Granden der Erde aber waren in jener gigantischen Carabinieri-Kaserne untergebracht, auf deren Hof das Staatsbegräbnis für die Opfer stattgefunden hatte, nur der Libyer Moamar al-Gaddhafi hatte wie immer sein Zelt aufgeschlagen. Und die obdachlos gebliebenen Einheimischen empfingen die Mächtigen der

Welt mit einer selbstironischen Interpretation des Obama-Slogans. »Yes, we camp!« stand auf riesigen Spruchbändern rund um L'Aquila, ja, wir müssen hier immer noch campieren.

Berlusconi selbst hatte die Versorgung der Wohnungslosen lässig mit »einer Art Campingurlaub« verglichen. Aber dann kam der Herbst, und mit dem Herbst kam die Kälte. Zelten ging jetzt nicht mehr. Die meisten Obdachlosen wurden in Hotels untergebracht. Und als am 29. September, ausgerechnet an seinem Geburtstag, Silvio Berlusconi wieder in L'Aquila erschien, da gab es auch die ersten Wohnungen.

Höchstpersönlich überbrachte Berlusconi den Familien, die als Erste einziehen durften, den Haustürschlüssel, als wäre das sein Geburtstagsgeschenk an sie. Eine Militärkapelle spielte die Nationalhymne und das Staatsfernsehen übertrug stundenlang die Schlüsselzeremonie, die politischen Talksendungen auf anderen Programmen waren eigens verschoben worden, damit Italien sich auf den neuen B-Day in L'Aquila konzentrieren konnte. Und so zeigten die Fernsehkameras die schönen neuen Wohnungen für die Erdbebenopfer, die perfekt ausgestattete Küche, in der auf die Ankömmlinge auch eine Flasche Sekt und ein Kuchen warteten, dazu eine Grußkarte: »Alles Gute im neuen Heim, Ihr Silvio Berlusconi.« Als handele es sich bei der Wohnung und den übrigen Gaben um ein persönliches Geschenk des Ministerpräsidenten. Eine Geste irgendwo zwischen Feudalherr und Hotelbesitzer: Für euch sorgt nicht Vater Staat, sondern Silvio Berlusconi.

Die Geste eines Medienprofis. »Wir haben nach dem Erdbeben in den Abruzzen so schnell und effizient reagiert, wie es noch nie in Italien geschah«, fand Berlusconi. Das sei der Beweis für eine »Regierung der Tat, während die Opposition nur Intrigen, Pessimismus und Katastrophenstimmung verbreitet«.

Berlusconi, der Macher. Als Bauunternehmer hatte er einst angefangen, als Bauunternehmer gerierte er sich auch in den Abruzzen, obwohl das doch eigentlich lange her war. Am Rande seiner Heimatstadt Mailand hatte er in den 1970er Jahren die Satellitenstadt »Milano 2« errichtet. Und am Tag nach dem Beben versprach er schon »L'Aquila 2« – viele neue Siedlungen für die Obdachlosen. »New Towns« nannte sie Berlusconi. Ein Jahr danach gab es bereits 21 »New Towns«, in denen 14700 Menschen lebten. Zwei Jahre nach der Katastrophe hatten 18500 eine Wohnung, 3000 waren auf Staatskosten in Hotels oder Kasernen untergebracht.

Eine gigantische Leistung, so schnell so viele Wohnungen für so viele Erdbebenopfer, eine einmalige Leistung in Italien. Im kaum 200 Kilometer entfernten Avellino zum Beispiel leben auch dreißig Jahre nach einem verheerenden Beben mit über 2000 Toten noch immer Familien in Wohncontainern, auch in Umbrien verbrachten die Obdachlosen nach dem Beben von 1997 Jahre in Baracken. Die Menschen von L'Aquila haben also Glück gehabt in ihrem Unglück, dankbar nennen sie die neuen Häuser »le case di Berlusconi«, Berlusconis Häuser. Aber viele fühlen sich nicht nur unterstützt, sondern auch ein wenig entmündigt. Sich selbst überlassen, ohne selbst entscheiden zu können. Sie sind nicht mehr obdachlos, aber sie fühlen sich entwurzelt. Denn ihre Stadt L'Aquila, die gibt es nicht mehr. Mit L'Aquila ist geschehen, was die Signora mit der Perlenkette befürchtet hatte: L'Aquila ist vergessen.

L'Aquila liegt zehn Kilometer entfernt von der Via Federico Fellini in Preturo. Hier wohnt Marco di Gregorio mit seinem 82-jährigen Großvater, nach einem Jahr sind sie wieder zusammen, weit weg von ihrem durch das Beben zerstörte Haus in der Altstadt. Enkel und Großvater retteten sich damals unter den Türbalken, das Haus stürzte ein, der Balken hielt, für sie begann eine lange Odyssee zwischen der Notunterkunft in einer Sporthalle und der Unterbringung bei Verwandten und in Hotels. Und schließlich dies: Auf dicken Stahlzylindern stehen dreistöckige Häuser, verputzt in blassgelben und hellgrünen Streifen, versehen mit überdimensionalen Holzbalkonen. Die Gebäude sind erdbebensicher. Jeder Quadratmeter hat 2700 Euro gekostet, der Preis für Unzerstörbarkeit.

Marco di Gregorio zeigt seine Wohnung: eine Wohnküche mit Schlafsofa, ein Schlafzimmer, ein Bad, alles einfach und sauber, alles komplett. »Bettlaken, Töpfe, Teller, eine Kaffeemaschine«, zählt di Gregorio auf, »alles da.« Fast alles.

Denn manchen »New Towns« wie in Preturo fehlt noch der Anschluss an die Kanalisation. Es gibt einen Fußballplatz, aber keine Kaffeebar, keinen Zeitungskiosk. Das neue L'Aquila besteht aus lauter kleinen Satelliten, in denen Menschen zusammenwohnen, die vorher nie zusammengewohnt haben, ohne Räume oder Orte, an denen sie sich treffen können. Für bessere Planung war keine Zeit.

Wie ein Gast kommt sich Marco di Gregorio vor. Willkommen zwar, aber auch ein wenig geduldet. Er sagt, er wisse in seiner neuen Wohnung noch nicht einmal, wo der Stromhauptschalter sei. »Alles ist geregelt, alles wird für uns erledigt, wir sollen bloß nichts selber in die Hand nehmen, sondern beim kleinsten Problem den Zivilschutz anrufen.« Der Zivilschutz verwaltet die Unterkünfte. Di Gregorio betont, er wolle sich auf gar keinen Fall beklagen. Die Versorgung nach der Katastrophe sei hervorragend gelaufen, »da hat der italienische Staat gezeigt, dass er sehr wohl funktionieren kann«. Das Problem sei die Passivität, zu der die Erdbebenopfer seit einem Jahr verdammt seien – wie Almosenempfänger, in einem neuen Haus, das als Provisorium geplant sei und doch für die Ewigkeit gebaut. Marco di Gregorio sagt: »Wir sind hier untergebracht und sollen L'Aquila vergessen. Denn unsere Stadt gibt es nicht mehr.«

Eine von den Staufern gegründete mittelalterliche Stadt voller Kirchen und Kunstdenkmäler, eine Stadt voller Studenten, mit Kneipen und Restaurants und Läden und Leben harrt ihrer Auferstehung. Das Erdbeben hat L'Aquila in wenigen Minuten ausgelöscht, an vielen Orten in Italien ist Ähnliches geschehen, die Überlebenden bauten dann eine neue Stadt, ein paar Kilometer weiter oder einfach auf den Trümmern. Die neuen Städte wurden natürlich nicht wie die alten, den meisten erging es wie Messina, das auch hundert Jahre nach der Katastrophe merkwürdig seelenlos wirkt, als habe die bebende Erde alle Vitalität für immer verschluckt. Das soll vermieden werden in L'Aquila. Aber noch wohnt L'Aquilas Seele in vier Millionen Tonnen Trümmern.

In die verwüstete Altstadt darf man nur mit einer Genehmigung des Bürgermeisters und mit einem Helm auf dem Kopf. Soldaten in Tarnanzügen bewachen die Straßen – Einsturzgefahr! Tatsächlich sieht es vielerorts noch aus wie kurz nach dem Beben. Abseits des Domplatzes, wo immerhin zwei Lokale wieder geöffnet haben, wirkt L'Aquila wie eine Geisterstadt. Zerstört, leblos, verlassen, eine Kulisse aus Trümmern und Ruinen. In manchen Häusern fehlt die Front, in den leeren Zimmern stehen noch die Möbel an ihrem Platz – als warteten sie auf die Besitzer. Vor den glaslosen Fenstern wehen Gardinenfetzen, die zerstörten Autowracks stehen noch auf ihrem Parkplatz. Viele Gebäude werden gestützt, andere kann man nicht mehr retten.

Noch in zehn Jahren würden Trümmer aus L'Aquila getragen werden, hat der für den Wiederaufbau zuständige Regierungskommissar prophezeit. Das Abtragen der Katastrophe geht langsam vonstatten, erst ein Jahr danach hatte der Zivilschutz überhaupt damit begonnen. Da gab es die »Schubkarrenbewegung« der Aquilaner schon, eine Bürgerinitiative der Erdbebenopfer. Sonntag für Sonntag kamen sie mit ihren Schubkarren in die verlassene Stadt und karrten Steine fort, einfach, um etwas zu tun. Die Bürger von L'Aquila trugen ihre Stadt fort. Wann wird sie wiederaufgebaut? Wie wird sie wiederaufgebaut? Und kann man ihr wieder Leben einhauchen? Das sind die Fragen, auf die der Staat ihnen keine Antwort geben kann oder will.

Die Generation der Großväter wird ihre Stadt nicht mehr sehen. Die Enkel aber fordern sie zurück. Da ist Luca Cococcetta, eine schmächtige Gestalt und wildes schwarzes Haar, das Ingenieurstudium hinter sich, eine Gegenwart auf einem großen Motorrad und vielleicht eine Zukunft als Dokumentarfilmer, das Sujet: seine Stadt L'Aquila. Über Monate filmte Cococcetta die Szenen nach der Katastrophe, das Leben in den Zeltlagern und die Trikolore-Fahnen auf den Baustellen der neuen Viertel. »Aber als die ersten Schubkarren den Berg zur Altstadt hochzogen, wussten wir, dass sich endlich etwas geändert hat. Wir sind nicht länger Statisten in der Trümmerkulisse von Silvio Berlusconi. Jetzt sind die Scheinwerfer ausgestellt. Und wir sind allein.«

Allein und alleingelassen. Im Heldenepos um den Wiederaufbau von L'Aquila geriet ein Mann zum Protagonisten, den Berlusconi systematisch zum Alleinentscheider, Alleinverantwortlichen, Alleinseligmachenden aufgebaut hatte: der Zivilschutzchef Guido Bertolaso. In Luca Cococcettas Kurzfilmen sieht man, wie Frauen und Kinder ihm Blumen bringen, wie sie ihn küssen und bejubeln. Bertolaso wurde in L'Aquila bejubelt wie ein Volksheiliger oder ein Fußballstar, er war der Mann, an dem die Zukunft hing. Schon vor dem Beben hatte der ausgebildete Arzt eine Machtfülle, wie sie in Europa für einen Staatsmanager unbekannt ist. Alles, was schnell und effizient sein musste, wurde dem Zivilschutz unterstellt, weil diese Notstandsorganisation rascher arbeiten kann als der übrige Staatsapparat. Keine langen Ausschreibungen, keine Wettbewerbe, weniger Prüfungen: Der Zivilschutz erschien als einzige Rettungsstation in der Dauerkrise, egal ob Vulkanausbruch (des Ätna), Müllnotstand, Überschwemmungen oder Arbeiten zum G8-Gipfel – bald entschied über alles Guido Bertolaso. Der Mann war allseits respektiert – unbeliebt sollte er sich erst machen, als er nach dem Erdbeben von Haiti monierte, die amerikanischen Kollegen hinkten dem italienischen Zivilschutz hoffnungslos hinterher. In Italien war Bertolaso da schon derart populär, dass Berlusconi ihn erst zum Staatssekretär machte und ihm dann ein

Ministeramt versprach. Der Mann vom Zivilschutz personifizierte Tatkraft und Entscheidungsfreude, er war wie der operative Arm der »Regierung der Tat«.

Doch dann stolperte der Sonderbevollmächtigte über eine Korruptionsaffäre. Ausgerechnet Bertolaso, der Superman für alle Fälle, hatte seine Mitarbeiter nicht unter Kontrolle gehabt, und die vergaben Aufträge für viel Geld und wenig Ehre. Bei den »New Towns« von L'Aquila kam so ein Bauunternehmer zum Zug, dessen Gebäude bei dem Erdbeben eingestürzt waren wie Kartenhäuser und zehn Menschen unter sich begraben hatten. Bertolaso selbst geriet in den üblichen Gerüchtestrudel um Frauen und Vergünstigungen, Berlusconi stützte ihn noch, als L'Aquila ihn schon abgeschrieben hatte, aber schließlich ging der Held in den vorzeitigen Ruhestand.

In L'Aquila sagt Cococcetta, es sei die alte Geschichte. Er selbst träume davon, mit dem Motorrad durch sein Land zu fahren und einen Film über Erdbeben zu drehen. »Denn ein Film über Italiens Erdbeben erzählt Italien. Dieses Land ist eigentlich ein einziges Erdbeben, es zerfällt in Staub und Schutt und wird nie wieder richtig aufgebaut, aber der Neuaufbau mästet die politische Klasse und die Mafia.« Man möchte das sehen, das Dauerbeben des Dokumentarfilmers Cococcetta gegen die Hochglanzkatastrophe des Moguls Berlusconi, die Unterschiede, die Schnittpunkte trotz alledem. Denn noch immer boten die zahlreichen Naturkatastrophen im Land eine Kulisse für das nachfolgende, unwürdige Spektakel der Schakale, Profiteure und Wichtigtuer. Stets folgten auf das Beben die Erschütterungen der Skandale, wenn die Milliarden für den Wiederaufbau in schwarzen Kassen versickerten, anstatt bei den Opfern anzukommen.

Doch L'Aquila baut auch auf Selbsthilfe. Unterhalb der zerstörten Altstadt haben Geschäftsleute ihre Läden, Restaurants und Versicherungsbüros in eilig zusammengezimmerten Holzhäusern untergebracht. Die Blockhütten stehen entlang der Via della Croce Rossa, wo sich die Autos zu jeder Tageszeit stauen: Diese hässliche Straße mit ihren Bretterbuden ist das neue Herz einer einst berückend schönen Stadt. Es ist ein Herz aus Holz und Plastik. Die Menschen würden es gern gegen das echte tauschen, so bald wie möglich. Aber noch liegt L'Aquilas altes Herz tief verschüttet, und das Leben muss trotzdem weitergehen.

Einen Vorteil haben die Holzhäuser, die sich auch manche in den eigenen Garten vor ihr zerstörtes Steinhaus gestellt haben: Sie sind provisorisch. Man kann sie schnell wieder abbauen, um sie einzutauschen gegen ein richtiges Zuhause. Holzhäuser bilden kein »L'Aquila 2« und machen »L'Aquila 1« keine Konkurrenz. Holzhäuser wären eine billige, sinnvolle Alternative zu den neuen Siedlungen gewesen. Aber in Holzhäusern wurden nur 1600 Obdachlose untergebracht, etwa ein Neuntel derjenigen, die in den teuren, abgelegenen und endgültigen »New Towns« wohnen.

Einer von ihnen ist Vincenzo Chiarizia, ein sanfter, hochgewachsener Mann, ein Studium in Werbekommunikation. Er lebt mit seinen drei Brüdern in einer Siedlung aus blaugrau getünchten Holzhäusern direkt unterhalb der alten Stadt. Chiarizia gefällt seine Wohnung: drei Schlafzimmer, ein Wohnzimmer mit roten Sesseln, eine Küche mit Markenelektrogeräten und überall Parkettboden. »Sicher, man spürt jeden kleinen Erdstoß«, sagt er lächelnd, in L'Aquila bebt die Erde noch immer, ein Jahr danach. Die Holzhäuser erzittern dann ganz leicht, aber das macht Chiarizia keine Angst. Etwas anderes lässt ihn schlecht schlafen: Er findet keine Arbeit, wie so viele. Das Beben vernichtete 8000 Arbeitsplätze in L'Aquila. Vincenzo Chiarizia hat sich gerade bei einem Callcenter beworben, der Job würde 700 Euro im Monat bringen. »Im Callcenter kann man immer arbeiten«, sagt Vincenzo Chiarizia, ein Callcenter braucht keine Stadt.

Den Sekt im Kühlschrank habe er noch nicht getrunken, berichtet dann Chiarizia, nur aus dem Kühlschrank geräumt. Wohin nur? Er sucht die Schränke durch, er schaut in die Holzecken, die jetzt seine Wohnung abstecken. Vincenzo Chiarizia, ein Erdbebenopfer aus L'Aquila, kann den Sekt des großen Gönners Berlusconi nicht finden. Er lächelt entschuldigend und sagt: »Den habe ich wohl ganz vergessen.«

Kapitel VIII

NEAPEL: GOMORRHAS GNADENLOSE GRANDEZZA

Von der Schönheit auf der Grenze zum Illegalen

Willkommen in Napoli, Piazza Garibaldi, Niemandsland. Von Baustellen zerstückelt, erdrückt und erstickt von einem chaotischen Verkehr, beherrscht von einem hektischen Basarbetrieb des Halblegalen, erscheint der Bahnhofsvorplatz wie die Empfangshalle einer dantesken Vorhölle. Auf den breiten Bürgersteigen türmen sich Berge von Waren, die vielleicht gar nicht verkauft werden dürften, oder jedenfalls nicht hier: Allerlei Elektrogerät, Parfümflaschen der Marken »Doce e Gaddana« oder »Verbace«, Raubkopien mit einheimischer Volksmusik und DVDs amerikanischer Actionfilme, Tennissocken aus China, Gucci-Sonnenbrillen und Louis-Vuitton-Taschen aus den Fälscherwerkstätten des Hinterlandes.

Bettler ziehen vorbei und transsexuelle Prostituierte schaukeln über irrwitzig hohen Stöckelschuhen ihre Riesenbrüste. Die Hitze taucht alles in ein gnadenloses hartes Licht. Ein Geruchsgemisch von fetten Brathähnchen und Urin liegt über dem Trottoir, auf dem ein Hütchenspieler mit dem Gesicht von Aristoteles Onassis und einem tadellos gestärkten weißen Hemd gerade eine dicke Ukrainerin mittleren Alters um ihr Geld erleichtert. Sie starrt auf die drei Bronzeglöckchen, die Onassis vor ihr auf dem Klapptisch hin und her bewegt, unter einer ist eine schwarze Kugel versteckt. Drei Männer schauen zu, einer hat sorgfältig gegelte Haare und einen sizilianischen Akzent, er klappt seine Brieftasche auf und zeigt einem Passanten eine Reihe von 50-Euro-Scheinen. »Lass uns spielen«, sagt er. »Ein Spiel 50 Euro. Komm, wir stoppen diesen Betrüger. Nimm nur, nimm. Es ist ja mein Geld.« Mitten auf dem Bürgersteig kniet ein junger Mann mit dramatisch erhobenen muskulösen Armen, drei wollige Hunde effektvoll um sich drapiert. Eine Komposition wie auf einem Frühwerk von Caravaggio.

In den Bahnhof drängen Männer mit blauen Plastiktüten. Darin tragen sie belegte Brötchen und Bierdosen, die sie den Reisenden in den Hochgeschwindigkeitszügen in den Norden anbieten. Neuerdings gibt es als Sonderservice auch jene Zeitschriften zu kaufen, die von den Fahrgästen achtlos auf dem Sitz liegen gelassen wurden. Neapel, die drittgrößte Stadt Italiens, kennt viele Arten, ein bisschen Geld zu verdienen, viele Arten, zu überleben.

Neapel, eine der ärmsten Städte des Kontinents. Und eine der reichsten Städte der Welt, reich an Kunstschätzen, an Geschichte und Geschichten, an Menschlichkeit und Grandezza, an Farben, Licht, Schönheit wie an Trübsinn und Verzweiflung. Napoli ist die Stadt, mit der die im Norden nichts zu tun haben wollen, weil sie ihnen als Inbegriff des verlotterten Südens erscheint. Napoli ist auch die alte Kapitale, älter als Rom, viel älter als Mailand, von Venedig ganz zu schweigen, in der alles möglich erscheint, nur nicht das Normale. Napoli gilt vielen als »Gomorrha«, nicht erst nach dem gleichnamigen

Roman, der den jungen Schriftsteller Roberto Saviano berühmt und bedroht machte. »Gomorrha«, Hauptstadt des Verbrechens. Oder wie es der Oberkommandant der Carabinieri ausdrückt: »Zweifellos hat die Kriminalität hier einen fruchtbaren Nährboden.«

Knapp 500 Einsätze haben die Carabinieri pro Tag. Oft geht es nur um Uhrenraub auf offener Straße, manchmal um Brandanschläge zum Zweck der Schutzgelderpressung oder Raub, Körperverletzung, seltener um Mord. Die Ära der großen Clankriege zwischen Camorrabanden scheint vorbei zu sein. Zwar gibt es immer wieder spektakuläre Morde in der Kaffeebar oder beim Barbier, in Szene gesetzt wie für einen B-Film und von der Lokalpresse schrill erzählt wie die neueste Gruselmär aus Gangstercity, aber wenn 2007 noch 112 Morde auf das Konto der Camorra gingen, waren es 2010 nur 14, unter den Opfern ein mutiger Bürgermeister, der sich im Umland den Bossen entgegenstemmte, und ein kleiner Akkordeonspieler, der in der Haltestelle Montesanto zur falschen Zeit am falschen Ort war. Denn man kann in dieser Stadt auch aus Versehen sterben, und sei es in der Neujahrsnacht, weil die Tochter eines Camorrista aus Jux und Dollerei ein wenig in ihrer Straße herumgeballert hat. Ein 25-jähriger Student war auf seinen Balkon getreten, um das Silvesterfeuerwerk zu sehen, eine Kugel traf ihn in den Kopf. Der Junge starb aus Versehen wie die 14-jährige Annalisa Durante, die gerade vor ihrer Haustür mit ihrer Cousine quatschte, als sie tödlich getroffen wurde.

Doch die Morde sind nur die sichtbare Spitze des Eisbergs, ihr Rückgang ist nur ein Anzeichen für die Normalisierung einer organisierten Kriminalität, die längst alle gesellschaftlichen Schichten infiltriert hat und dort den undurchdringlich harten, unendlich tiefen Unterbau des Eisbergs bildet. In Neapel, sagt der Carabinieri-Kommandant, fehle eine Kultur der Legalität. Die Stadt und ihr Hinterland seien ein überbevölkerter Moloch, in dem hohe Arbeitslosigkeit und weit verbreitete Armut herrschten. Die architektonische Verwahrlosung vervollständige dann den Eindruck einer Anarchie der Verzweiflung. »Generell fehlt der Respekt vor den Regeln eines zivilisierten Zusammenlebens.«

Regeln, schnaubt der Taxifahrer Gaetano Antonio. »Wie soll man in dieser Stadt überleben, wenn man die Vorschriften beachtet?« Und dann biegt er links ab, wo er rechts fahren soll, und schlägt 30 Prozent auf den offiziellen Fahrpreis drauf, »was wollen Sie, ich habe Familie«. Es ist nicht ganz einfach, einen neapolitanischen Taxifahrer zu erwischen, der sich mit der vom Taxameter ausgewiesenen Summe begnügt, größer ist die Chance, mit dem Chauffeur eine überaus angeregte Diskussion über den letzten Staufer Konradin und dessen absolut überflüssige Hinrichtung auf der Piazza Mercato zu führen – ein Ereignis, das Neapel schon anno 1268 aufwühlte.

Auf dem Weg zu Konradins Grab in der berückend schönen Kirche Madonna del Carmine sind Straßenszenen zu sehen wie aus den Zeiten des Revoluzzers Masaniello, mit den Korbflechtern und Kuttelverkäufern des Mercato-Viertels, den Marienaltären, den Fischständen, vor denen in riesigen Wannen Venusmuscheln wässern. In die Kirche flüchtete Masaniello, der 1647 das Volk gegen das Steuerregime des spanischen Vizekönigs aufwiegelte und danach kurzfristig selbst zum Despoten der ganzen Stadt wurde, die Adelspaläste in Brand setzte und die Gefangenen befreite. Am 11. Juli, Fest der Madonna del Carmine, in deren Gemeinde Masaniello sein ganzes Leben verbracht hatte, verbarg sich also der Fischer vor seinen Feinden im Gotteshaus. Doch die Madonna schützte den Aufrührer nicht, der sich inmitten der Festmesse splitternackt auszog, um seine letzte Rede gegen die Ausbeuter zu halten. Die Häscher des Vizekönigs fingen Masaniello im angrenzenden Kloster, töteten ihn und trugen seinen Kopf durch die Stadt.

Noch heute verbindet Italien Neapel vor allem mit dem lokalen Robin Hood Masaniello und seiner Revolte gegen das Gesetz der Herrschenden. Denn von Masaniello bis zu den pittoresken Demonstrationen der Arbeitslosen (und bis vor kurzem sogar der Zigarettenschmuggler) scheint es nur ein kurzer Schritt. Dabei ist ein anderes Ereignis fast in Vergessenheit geraten, ein Monument für den bewundernswerten Heldenmut und den Freiheitsdrang der Neapolitaner: Le quattro giornate, jene vier Tage vom 27. bis 30. September nämlich, wo sich das durch Bombardierungen und Deportationen zur Zwangsarbeit zermürbte Volk von Neapel gegen seine deutschen Besatzer erhob. Während die eigenen Generäle in Zivilkleidung flüchteten, nahmen es die Neapolitaner mit den zahlenmäßig so viel stärkeren Deutschen auf und vertrieben sie schließlich aus ihrer Stadt. Nicht nur Italien, ganz Europa scheint den Aufstand der Neapolitaner gegen Hitlers Soldaten vergessen zu haben, dabei war es das erste Mal, dass es einer europäischen Großstadt gelang, sich ohne alliierte Hilfe von den Deutschen zu befreien. Aber es passt nicht in das Klischee einer über Jahrhunderte von fremden Mächten besetzten Stadt, mit der man reflexhaft den Satz verbindet: »Francia o Spagna, purché se magna«, egal ob Frankreich oder Spanien regieren, Hauptsache, wir essen.

Und so bestaunen auch heute die Besucher aus aller Welt die Wäscheleinen in der Altstadt oder die Krippenfiguren in der Via San Gregorio Armeno, wo sich die Touristen amüsieren: Seht her, die Neapolitaner stellen sich Maradona in die Weihnachtskrippe oder George Clooney oder Berlusconi mit einem Badereifen, auf dem in Anspielung auf seine wilden Partys »Bunga, Bunga« steht. Diese Neapel-Folklore ist das, was Auswärtige an Neapel fasziniert, und ein bisschen Verbrechen gehört auch dazu. Als die Stadt einige Haftentlassene als Fremdenführer engagierte, da ging diese Nachricht prompt um die Welt: Viele Reisende sehen Neapel als Gruseletappe auf dem Weg nach Ischia, Capri und Amalfi, als quicklebendigen, lebenssprühenden Imagekadaver.

Die Mystifizierung des Regelbruchs bildet sozusagen das Rückgrat aller Neapel-Klischees, die nicht zuletzt von den Neapolitanern selbst verbreitet und verbrämt werden. »Denn Diebstahl und Illegalität gelten hier nicht als etwas Verabscheuungswürdiges«, schreibt der Philosoph und Psychoanalytiker Sergio Benvenuto. »Sie besitzen eine künstlerische, eine professionelle Aura. Der Neapolitaner ist überzeugt davon, ein herrschaftliches Recht auf die Ausnahme vom Gesetz zu haben. Neapel ist niemals die Stadt der Regel, sondern immer die der Ausnahme.« Das klingt verlockend, ja romantisch. Aber in Wirklichkeit gibt es für das Leben hier sehr wohl Regeln und man pflegt keineswegs das Epikureerdasein aristokratischer Anarchisten, sondern muss sich arrangieren mit den archaischen und brutalen Normen des Gegenstaates: der Camorra. Man nennt sie hier nur noch »il sistema«, ein erbarmungsloses System, dem niemand entrinnen kann. Denn nicht die Legalität, sondern die Illegalität gibt Neapel die Regeln vor, sie bestimmt den Alltag und sie verhindert, dass sich eine der faszinierendsten Städte Europas endlich aufschwingt zu alter Größe.

Eine Größe, die man erahnt auf der Piazza dei Martiri unweit der Uferpromenade. In einem eleganten Café auf dem Platz mit teuren Geschäften internationaler Luxuslabels sitzt der Schriftsteller Giuseppe Montesano und rührt in seinem Espresso. »Diese Stadt ist nichts weiter als eine vulgäre Brutstätte des Desasters«, sagt Montesano, ein drahtiger Mann mit listigen Augen und einem eisgrauen Stoppelbart, er spricht langsam und präzise. »Alle Auswüchse der westlichen Welt lassen sich hier finden: Das uneingeschränkte Recht des Stärkeren. Der hemmungslose Konsum. Das Fehlen von Bildung und Kultur.« 80 Prozent der Camorra-Bosse hätten noch nicht einmal einen Hauptschulabschluss. Sie bewegten Millionen, könnten aber kaum lesen und schreiben.

Montesano arbeitet als Philosophielehrer in der Peripherie von Neapel, nebenbei hat er Flaubert, La Fontaine und Baudelaire übersetzt und eine Handvoll Romane geschrieben, die eine gemeinsame Protagonistin haben: Neapel. Es sind sprachmächtige Grotesken, bittere Satiren um die latente Gewalttätigkeit des Alltags. »Ich glaube nicht, dass uns Wörter retten können«, sagt der Schriftsteller. »Ein Buch über Neapel kann die Welt erschrecken, ändern wird es nichts. Aber das kann man auch nicht verlangen. Verlangen können wir, dass die Politik endlich aus ihrer Untätigkeit erwacht. Und dass sie uns beschützt.«

Seit 2001 wird Neapel von Rosa Russo Jervolino regiert, die Christdemokratin ist 1936 geboren. Eine zerbrechlich wirkende alte Dame mit einer legendären Fistelstimme soll eine Million Neapolitaner beschützen? In der Stadt wird Russo Jervolino nur »Rosetta« genannt, Röschen, es klingt ein wenig zärtlich-familiär, vor allem aber klingt es mitleidig. Über ihre Bürgermeisterin sagen die Leute immer nur zwei Dinge: Sie ist anständig. Und das macht sie schwach.

Noch residiert Rosa Russo Jervolino im düsteren Rathauspalast gegenüber der alten Anjouburg Maschio Angioino. Aber regieren ist etwas anderes. Hilflos musste die Bürgermeisterin zuschauen, wie ihre Stadt immer wieder im Müll versank. Die Regeln diktieren andere, auch die Regeln der Müllerpressung, der Müllentsorgung, des Müllgeschäfts. Die Regeln erlassen Männer vom Schlage eines Nicola Cosentino, Silvio Berlusconis Vizekönig in Neapel und Kampanien.

An diesem heißen Junitag warten im 15. Stock eines Hochhauses hinter der Stazione Centrale von Neapel 25 Journalisten auf Nicola Cosentino. Die Fraktion von Berlusconis »Freiheitsvolk« im Regionalparlament Kampanien hat zu einer Pressekonferenz in ihren Sitzungssaal geladen. Um einen großen Tisch stehen zwölf Stühle und ein Sessel wie zum Letzten Abendmahl, die Journalisten rauchen auf dem Flur und schicken SMS. Cosentino lässt sich Zeit. Viel Zeit. Er kommt genau 75 Minuten zu spät. Grußlos stürmt er mit seiner Entourage in den Saal. Selbstverständlich wollen sich Cosentino und seine Männer setzen.

Die Journalisten erheben sich umstandslos. Sie stehen, die Politiker sitzen. Eine feudalistische Geste. Auf diesen Ritualen beharrt die Politik in Süditalien bis heute, jedenfalls eine gewisse Politik: die Macht im Sessel, die Untertanen zu Fuß. »Ihr Bannerträger der Legalität«, zischt Cosentino die Journalisten an, er lächelt nicht, es klingt nicht freundlich und schon gar nicht wie ein Kompliment. Das Gesicht des Vizekönigs ist angespannt, hinter der dicken Brille flattern unruhig seine Augen. Cosentino ist der mächtigste Mann Kampaniens, fast wäre er auch Regionalpräsident geworden, aber dann kam die Staatsanwaltschaft dazwischen: Verdacht auf Geschäfte mit der Camorra. Ein Haftbefehl konnte nicht vollstreckt werden, das Parlament verweigerte die Aufhebung der Immunität. Nach langem Hin und Her trat Cosentino als Staatssekretär im Wirtschaftsministerium zurück, aber Koordinator des Freiheitsvolks in Kampanien ist er geblieben.

Cosentino nimmt das »C«-Wort nicht in den Mund. Nicht ein einziges Mal in den 40 Minuten, in denen er das »Weißbuch über das Desaster der linken Mitte in Kampanien« vorstellt, eine Publikation seiner Partei über die Fehler und Versäumnisse des politischen Gegners, den Müllnotstand vor allem. Daran sei einzig und allein die Linke schuld, sagt Cosentino. Er selbst verspricht nichts, er rechnet nur ab. Und die Journalisten widersprechen ihm nicht, sie stellen auch keine Fragen, sie hören einfach nur zu.

Ein Kronzeuge der Camorra belastet Cosentino. Der Politiker soll in den Müllgeschäften des Clans der Casalesi eine wichtige Rolle gespielt haben, Cosentino stammt selbst aus deren Hochburg Casal di Principe. Dort ist er Unternehmer: Immobilien, Gas, Benzin, Tankstellen. Als die Staatsanwaltschaft den Ermittlungsbescheid herausgab, stritt Cosentino alles ab. Und bekämpfte gleichzeitig mit allerlei Intrigen seinen stärksten innerparteilichen Gegner in Kampanien. Für Männer wie Cosentino ist die Macht wichtiger als das Gesetz. Nur so ist es zu erklären, warum sie im Amt bleiben, obwohl sie unter dem schlimmsten Verdacht stehen, den es für einen Politiker aus Neapel geben kann: der Verdacht, ein Camorrista zu sein. Ein Mann des Gegenstaates.

»Wenn sich Präsident Berlusconi nicht persönlich darum gekümmert hätte, dass der Müll von der Straße kommt, würde Neapel noch immer im Abfall ersticken«, diktiert Cosentino den Journalisten. Er meint die Müllkrise 2008. Damals hatte die Camorra gemeinsam mit einigen Politikern und organisierten Hooligans des SSC Neapel den regulären Abtransport des Abfalls mit bürgerkriegsähnlichen Krawallen und der massiven Einschüchterung der Müllmänner verhindert – bis Ministerpräsident Berlusconi die Lösung des »Müllproblems« versprach. Da verschwand der Abfall von der Straße.

Neapel glaubt an Wunder. Dreimal im Jahr verflüssigt sich hier das Blut des Stadtheiligen San Gennaro – zum Wohl der Stadt. Verweigert sich Gennaro, was selten vorkommt, so bedeutet das Unglück für Neapel. Weil auch Wunder nie ganz von allein kommen, sitzen in der ersten Reihe der Kathedrale die so genannten »Verwandten Gennaros«, Frauen, die der Legende nach zur weitverzweigten Familie des Heiligen gehören und ihn deshalb nach Kräften anfeuern, aber auch beleidigen können: »Los, Gelbgesicht, beweg dich!« Und Gennaro bewegt sich. Der Schutzpatron der Stadt ist auch der Heilige der Diebe, was dazu führte, dass er niemals bestohlen wurde und heute reicher ist als die Königin von England, deren Kronjuwelen hinter dem Schatz des Märtyrers von Napoli verblassen.

Die wunderbare, zutiefst religiöse Stadt Neapel glaubt aber nicht an Wunder bei der Müllentsorgung, denn San Gennaro ist der Heilige der Diebe, nicht der Patron der Camorra. Im letzten Winter lagen wieder 3000 Tonnen

Abfall auf ihren lavaschwarzen Straßen, und auf der Via Toledo rückten dieselben Bagger an, die nach dem Erdbeben auf Haiti den Schutt weggeräumt hatten. Vor den Schulen türmten sich die stinkenden Säcke bis in den ersten Stock. Die UNESCO drohte mit Aberkennung des Weltkulturerbes, weil man vor lauter Müll die Monumente nicht mehr sah, die Leserbriefspalten der Lokalzeitung *Il Mattino* liefen über von den Briefen verzweifelter Neapolitaner, die mit jedem Müllsack ein Stück weniger Würde verspürten.

In Rom regierte Berlusconi, in Kampanien regierte der Konkurrent von Cosentino, keiner bekam die Lage unter Kontrolle. Weil die Müllmänner nicht ausreichten, rückten Soldaten an. An den Weihnachtsbaum in der Galleria Umberto I., der mit allerlei Alarmanlagen gesichert war, damit er nicht wie alle Jahre wieder geklaut würde, hatten die Neapolitaner ihre Wunschzettel gehängt. Auf vielen war zu lesen: »Lieber Weihnachtsmann, befreie uns vom Müll.« Das war ironisch gemeint. Auf einem Zettel stand: »Lieber Weihnachtsmann, beschere mir einen Mann, der so schön ist wie der Schuhverkäufer von Camper.« Dann konnte man sehen, wie die Leute vom Weihnachtsbaum 20 Schritte zum Schuhgeschäft von Camper machten, um zu sehen, ob der Verkäufer auch wirklich so schön war. Und der schöne Schuhverkäufer von Camper wurde ganz rot unter den vielen neugierigen Blicken.

Als der Innenminister aus Rom, ein Koalitionspartner des Camorra-Verdächtigen Cosentino, Neapel einen »Sicherheitspakt für ein zivilisiertes Leben« vorschlug, fauchte Bürgermeisterin Jervolino ihn an: »Das brauchen wir nicht. Wir sind die Neapolis des Äneas, die Stadt der alten Griechen und der alten Römer. Wir sind seit mehr als 2000 Jahren ein zivilisiertes Volk.« Das stimmt. Genauso stimmt, dass das Kulturvolk der Neapolitaner eine erschreckend hohe Quote von Schulabbrechern hat, dass in den von den Spaniern geschaffenen und von der Camorra beherrschten Quartieri Spagnoli Straßenlehrer arbeiteten (bis ihnen die Berlusconi-Regierung die Mittel strich), die jeden Schüler einzeln zu Hause abholten, damit er überhaupt in eine Schule fand. Und leider stimmt auch, dass viele Neapolitaner dem Gegenstaat der Camorra mehr Vertrauen schenken als der Repubblica Italiana, weil die Camorra das Arbeitsamt von Neapel ist, wie der Soziologe Amato Lamberti sagt, ein schmächtiger, kettenrauchender Professor, der fast zehn Jahre lang die Provinz Neapel führte und dabei gestand, von Norwegen zu träumen – dem Land, das genauso viele Einwohner hat wie Lambertis Provinz, aber so unendlich viel weniger Probleme.

Amato Lamberti kann sehr anschaulich berichten, wie die Camorra ihre »Schützlinge« unterbringt, als Kaffeejungen, die dampfenden Espresso aus der Bar in die Büros tragen, als Verkäuferinnen, als Kfz-Mechaniker, als Parkplatzwächter. »Sie operiert, als wäre es ihr ureigenster Auftrag, den sozial schwachen Schichten das Überleben zu sichern, sie beschert diesen Menschen Arbeit, als wäre sie selbst gleichzeitig Arbeitsamt und Unternehmen.« Im Gegenzug verteidigen viele Menschen die Camorra, immer wieder müssen Polizisten Prügel der Nachbarn und Flüche der Nachbarinnen einstecken, wenn sie einen Camorrista verhaften. Wo der Staat nicht funktioniert, kann sich der Gegenstaat ausbreiten. Süditaliener lehnen den Staat ab, weil sie sich von ihm nicht beschützt fühlen, Norditaliener empfinden denselben

Staat als Klotz am Bein und würden sich deshalb am liebsten von ihm lossagen. Zwei Gesichter derselben Staatsverdrossenheit, zwei Gründe für den Erfolg von Führertum und antidemokratischer Politik, von Banden-mentalität auf allen Ebenen.

Wenn sich der Staat um den Nachwuchs des Gegen-staates kümmert, dann bringt er ihn zunächst einmal auf einen Inselfelsen hoch über dem Golf von Neapel. Die jungen Camorristi kommen ins Jugendgefängnis nach Nisida. Vom Festland führt eine Brücke dahin, man braucht kein Schiff. Nisida ist eine Insel, aber nicht aus der Welt. Rechts liegen die Industrieruinen des Stahl-werks von Bagnoli, verschrottete Fischerboote und dunk-ler Strand, auf dem streunende Hunde im Müll wühlen. Links erhebt sich die wilde Kalksteinküste von Posillipo mit ihren Grotten, in der Ferne ahnt man Ischia und Pro-cida. Ganz oben, wo hoch über dem Meer die einzige Straße endet, die sich durch mediterrane Macchia mit Kaktusfeigen und verwilderten Olivenbäumen windet, wartet hinter einem gelb gestrichenen Eisentor Gianluca Guida, der Gefängnisdirektor.

Guida ist ein leiser, bedächtiger Mann mit vollende-ten Manieren, man könnte ihn sich als Dozenten für Kunstgeschichte vorstellen oder als Manager. Ein In-tellektueller, durchdrungen von seiner Aufgabe, die ver-lorenen Kinder Neapels vor dem endgültigen Abgleiten in die Unterwelt zu schützen. Stolz führt er durch die kleine Sportanlage gleich am Eingang, wo die jugend-lichen Häftlinge gerade Fußball und Basketball spielen, lächelnd zeigt er Werkstätten für Krippen, Keramik und Theater, eingerichtet in den riesigen Gewölben und Sä-len der alten Bourbonenfestung, in der die Haftanstalt

untergebracht ist. Während er durch ein schießscharten-
großes Fenster auf das Meer schaut, raunt Guida: »Stellen Sie sich vor: In anderen italienischen Gefängnissen
liegt der Ausländeranteil bei 90 Prozent, hier sind 90 Prozent Einheimische. Die Ausländer stehlen aus Not, die
Neapolitaner werden kriminell, um schnelles Geld zu
machen. Und weil sie den Gegenstaat der Verbrecher
einfach attraktiver finden.«

Wer als Drogenkurier oder Laufjunge der Bosse 2000
Euro im Monat verdienen kann, wird keine legale Arbeit
wollen, selbst wenn es sie gäbe. Es ist das leichtverdiente
Geld, das der Camorra die jungen Männer in Scharen
zutreibt, das Geld macht alles möglich, erst die Handys
und Mofas, dann Autos, Markenschuhe, teure Jacken
und Mädchen. Viel Geld und eine Position, keine Unsi-
cherheiten nirgends, ein archaischer Ehrenkodex kommt
bei den Jungen besser an als die Gummiparagraphen des
Gesetzes. Ehre heißt Respekt, und wer das verletzt, und
sei es nur mit einem allzu langen Blick auf ein Mädchen,
der gehört bestraft.

Auf Nisida treffen sich die Messerstecher, kleinen
Hehler, jungen Dealer und natürlich Junkies, die Ro-
lexdiebe und Rolexträger, sie lernen ein Theaterstück,
sie lernen, ein Möbel zu tischlern oder eine Schale zu
töpfern, aber irgendwann kommen sie wieder raus. Und
draußen zählt das Tischlern, das Töpfern und erst recht
das Theaterspielen – nichts. »Draußen«, sagt Direktor
Guida, »ist es nicht so sicher wie hier drinnen. Denn
so absurd es klingt: Für diese Jugendlichen ist das Gefängnis der erste wirklich sichere Ort, den sie in ihrem
Leben erfahren haben. Ein Ort mit einfachen Regeln.
Fast möchte ich sagen: Ein Ort der Freiheit.« Guida hat
Jungen herausgehen sehen, die wenig später tot waren,

draußen. Erschossen von einem Boss, weil sie das Mofa der Tochter geklaut hatten. Erdrosselt, weil sie zu viel wussten oder zu wenig. Natürlich habe er manchmal das Gefühl, es sei alles vergebens, sagt der Gefängnisdirektor. »Dieses Gefühl darf man aber nicht haben, ohne Hoffnung, ohne Optimismus kann man hier nicht arbeiten.« Beim Mittagessen reden die Jungen über Fußball. Sie lachen, sie lärmen, sie streiten. Sie wirken unbeschwert, wie junge Männer, die das Leben vor sich haben. Aber welches Leben, darüber mag hier keiner sprechen. Die Frage nach der Zukunft provoziert nur stummes Achselzucken und stumpfe Blicke, genauso wie die Frage nach der Vergangenheit. Das Danach scheint genauso ein Tabu zu sein wie das Davor mit dem Delikt, das die Haftstrafe nach sich zog. Für die Jungen im Gefängnis von Nisida gibt es nur die Gegenwart. Und wenn das Tor hinter einem zufällt, wenn man selbst also wieder draußen ist, dann klingen die Worte des Direktors noch nach: »Nisida ist ein Ort der Freiheit.« Weil der Gegenstaat hier keinen Zutritt hat, kann selbst ein Gefängnis Jugendlichen Freiheit bieten. Und Schutz, denn die Camorra ahndet Regelbrüche nicht mit Haftstrafen, sondern mit dem Tod. Aus dem Gefängnis werden die Jungen irgendwann entlassen, die Camorra entlässt sie nie.

Die wichtigsten Helfer des Staates im Kampf gegen das System der Bosse sind die Männer und Frauen der katholischen Kirche. Unten in der Stadt, im Sanità-Viertel gleich hinter dem Archäologischen Nationalmuseum mit seiner beeindruckenden Antikensammlung, wirkt Don Antonio Loffredo, einer von vielen Pfarrern, die Tag für Tag der Camorra trotzen. Zu Don Antonios Gemeinde gehören eine Basilika mit 13 Kuppeln und einer Katakombe, weitere zwei Kirchen, mindestens fünf Camor-raclans und 15 000 Gemeindemitglieder, von denen die meisten sich mehr oder weniger »arrangieren«, wie man in Neapel sagt. Also einer nicht unbedingt legalen Arbeit nachgehen, um sich eine minimale Existenz zu sichern. »In der Sanità kaufen sich die Politiker ihre Wähler-stimmen immer noch mit ein paar Kilo Pasta und einem Paar neuer Schuhe«, berichtet der Pfarrer. »Es ist seit zweihundert Jahren ein Ghetto der Armen mitten in Neapel, die Bewohner sind für die Politik nichts wei-ter als Stimmvieh.« Der Stimmenkauf funktioniert nach einem mafiösen Prinzip – der Wähler wird zunächst mit minimalem Aufwand korrumpiert und dann vom Politiker seiner »Wahl« beschützt. So entsteht eine »Ge-schäftsbeziehung«, die mit demokratischen Rechten und Pflichten wenig zu tun hat. Tatsächlich wurde die Organi-sation des Stimmenkaufs immer wieder von den Bossen übernommen, deren Klientel wie selbstverständlich den-jenigen Politiker wählt, der ihr von der Mafia angezeigt wird. Die macht dabei auch nicht vor den Landesgrenzen Halt, wie der Fall eines Senators der Berlusconi-Partei »Freiheitsvolk« zeigt. Nicola Di Girolamo setzte sich nach Erkenntnissen der Staatsanwaltschaft Rom als Auslands-italiener im so genannten »Wahlkreis Europa« durch, weil die Mafia in Stuttgart und Umgebung massiv »Wahl-kampf« für ihn machte.

Antonio Loffredo entstammt einer Familie, die seit den Kreuzzügen in Neapel ansässig ist. Er ging nach Tübingen, um bei Hans Küng zu studieren, einem der bekanntesten Theologen der katholischen Kirche, dem später wegen seiner Kritik am Unfehlbarkeitsdogma die Lehrbefugnis entzogen wurde. Da war sein Schüler Lof-fredo schon wieder zu Hause und Pfarrer im Viertel Sanità. Er ist ein ironischer Mann, der blitzschnell Gedanken aneinanderreiht, ein scharfsinniger Dialektiker, ein kritischer und wacher Geist. Er hätte ein brillanter Theologe werden können, aber Loffredo sagt: »Mir macht es mehr Spaß, in meiner Stadt für meine Leute eine legale Arbeit zu finden. Denn nur Arbeit bringt uns hier weiter.« Der Glaube allein also nicht, möchte man sticheln, da erzählt Don Antonio schon gestenreich und eindringlich von einer Kooperative, die er gründen will, die Frauen der Sanità könnten in Heimarbeit Handschuhe nähen, wie früher. Und wenn man einwirft, das sei ein Konzept aus den Entwicklungsländern, hält er nur einen kurzen Moment inne. Dann springt er auf, um ein Projekt zu zeigen, das schon bald funktionieren soll: ein Hotel in den verschachtelten Räumen über der Sakristei, neun Doppelzimmer und ein Apartment, ausgestattet mit den besten Materialien, entworfen von einem der bekanntesten Innenarchitekten Italiens. Ein Hotel in der Kirche, betrieben vom Priester und seinen Gemeindemitgliedern. »Nur die Website muss noch besser werden«, sagt Loffredo und stellt den Computer an. Auf dem Bildschirm erscheint Al Pacino in der Badewanne. Es ist ein Foto aus »Scarface«. Der Pfarrer grinst. »Ist nicht Ironie die beste Waffe?«, fragt er.

Don Antonio liebt das Kino, das Theater und die moderne Kunst. Seine Basilika ist gefüllt mit zeitgenössischen Werken neapolitanischer Künstler, in den leeren Grabhöhlen der Katakombe stehen Skulpturen. Nur die Schönheit werde Neapel retten, sagt er, »denn die Neapolitaner haben sich wenigstens das bewahrt: Sinn für Schönheit«. Es klingt beschwörend. Schönheit in der Brutstätte des Desasters?

Aber Neapel bedeutet auch mittelalterliche Kirchen und Burgen, großzügige Plätze und enge Gassen mit verschwenderisch reichen Palazzi in den Farben der Sonne: Korallenrot und Orangegelb. Neapel bedeutet: Das weltberühmte Panorama mit dem Meer und dem Vesuv, bedeutet Königsschlösser mit Kunstschätzen, die Eroberer in 2700 Jahren Stadtgeschichte geschaffen und gesammelt haben. Die Schönheit Neapels sind der entrückte Kreuzgang des Klosters Santa Chiara mit seinen Majoliken, die gotische Himmelsstürmerhalle von San Lorenzo und der verschwenderische Weinberg der Kartäuse von San Martino, der pittoresk ins Meer bröckelnde Palazzo Donn'Anna am Posillipo und ein Babà unter dem goldenen Stuck des Caffè Gambrinus. Aber Schönheit findet man auch unter der Erde, in Dutzenden U-Bahn-Haltestellen, die auf Weisung der Stadtverwaltung in Kunststationen umgewandelt wurden. Eine konzentrierte Stille umhüllt hier unten Bilder, Installationen, Objekte. Es ist peinlich sauber, alle paar Meter stehen Mülltonnen für Plastik, Papier und Restmüll. So stolz ist Neapel auf seine europaweit einmalige Kunst-Metro, dass der Müll, der oben immer wieder die Straßen überflutet, unten penibel getrennt und weggeräumt wird. Dazwischen fährt pünktlich und fast lautlos die U-Bahn, bewegen sich hektisch, aber kaum drängelnd die Passagiere. Viele finden auf dem Weg zur Arbeit Zeit für einen Blick auf all die Kunst, mit der Neapels Bauch fast schon so verschwenderisch ausgestattet ist wie die Stadt oben. Nur, dass oben das alte Neapel steht. Und unten, quasi im Verborgenen, wächst das neue, unten in der Metro gibt es 90 Künstler zum Eintritt von 1,10 Euro. Eine einfache Fahrkarte reicht für die große Kunstausstellung Metropolitana. Nein, Neapel ist kein Niemandsland, Neapel ist kein Circusland. Seine Komödie ist getränkt von Schmerz, seine Tragödie ist voller Größe. Diese Hauptstadt der Übertreibungen ist wie ein Konzentrat aller Vorzüge und Übel Italiens, aller Abgründe und Höhenflüge. Das große Problem ist nur, dass die Bosse dieser Stadt niemals Metro fahren.

Kapitel IX

APULIEN: HEILIGE AM ENDE DER WELT

*Wie mystischer Glaube und ein schwuler
Ministerpräsident koexistieren können*

Apulien ist anders, ein anderer Süden. Mehr Industrie und weniger Mafia, mehr Wohlstand und mehr Mülltrennung. Straßen, über die in schaukelnden Lastwagen Olivenöl, Weintrauben und Tomaten für ganz Italien und halb Europa geliefert werden, vorbei an riesigen Getreidefeldern, endlosen Stränden, dunklen Pinienwäldern und Labyrinthen von Trockenmauern. Weiße Städte mit riesigen Kirchen und heidnische Megalithen, ein Wallfahrtsort, der mehr Pilger anzieht als Lourdes, und ein schwuler, linker Ministerpräsident: Alles scheint möglich in Finis Terrae am Stiefelabsatz, nur nicht Genmanipulation. Herausfordernd und endgültig verkünden die Ortsschilder der uralten Dörfer: »Nicht-OGM-Gemeinde.« No agli organismi geneticamente modificati, Apulien, das Land der Griechen und Normannen, der Staufer und Sarazenen, lässt sich nicht modifizieren. Jedenfalls nicht von jedem.

Der mächtigste Mann im anderen Süden heißt Francesco Forgione, er wurde weithin bekannt unter seinem Ordensnamen Padre Pio, und seine Macht ist nicht von dieser Welt. Jährlich bewegt er sieben Millionen Pilger nach San Giovanni Rotondo auf der Halbinsel Gargano, der weltberühmte Architekt Renzo Piano hat ihm dort eine gigantische Wallfahrtskirche gebaut. Als Pio 1968 im Alter von 81 Jahren starb, war er schon Italiens populärster Volksheiliger, weit vor den offiziellen Nationalpatronen Franziskus von Assisi und Caterina von Siena. Zu Lebzeiten und erst recht nach seinem Tod bewies der Kapuzinermönch Pio die Macht der Medien in der Religion, er war der Erste, dessen Wunder über das Fernsehen und die Regenbogenpresse verbreitet wurden – eine Lichtgestalt der Analphabeten wie der oberen Zehntausend, ein wahrer Einiger Italiens.

Bis heute ist das bärtige Gesicht Padre Pios die bekannteste Ikone neben der Madonna. Sie prangt in den Fahrerhäuschen der Lkws und auf der Konsole der Ferraris, über den Fleischtheken der Metzgereien und zwischen den Likörflaschen der Bars, in den Umkleidekabinen der Fußballer, in Hausmeisterkabuffs und Blumenkiosken, im Notarztwagen, Friseursalons und über Kinderbetten. Ein Gesicht, nicht schön, aber einprägsam, mit stechendem Blick aus dunklen Augen, die den Betrachter überallhin zu verfolgen scheinen. Und tatsächlich trafen die Augen dieses Mönchs vom Ende Italiens die Gralshüter des Glaubens bis ins Mark.

Zu Pios Lebzeiten hatte der Vatikan das Treiben in San Giovanni Rotondo mit wachsendem Argwohn verfolgt. Ein apostolischer Inspektor nach dem nächsten wurde geschickt, und alle miteinander berichteten entsetzt über Rituale, die eher heidnisch als gut katholisch wirkten, auf jeden Fall aber unkontrollierbar zu sein schienen. Der Kapuziner behauptete, an Händen, Füßen und an der Rippe Stigmata empfangen zu haben, die aussahen wie die Wunden des Herrn Jesus Christus am Kreuz und die das Volk wie ihn selbst in ekstatische Raserei versetzten. Schon das Datum der Wundbildung war suspekt, denn am 20. September 1918 zeichnete sich das Ende des Ersten Weltkriegs ab, gleichzeitig erinnerte der Jahrestag an den Fall des Kirchenstaats 1870.

Die Stigmata seien nichts anderes als der Ausfluss reinster Hysterie, urteilten streng und sogar recht angeekelt die Experten des Heiligen Stuhls und verboten Pio tout court, die Messe zu lesen, sei es mit Handschuhen oder ohne. (Die Wunderprofis in Rom befürchteten, Handschuhe über Pios Wundmälern könnten die Gläubigen erst recht in Wallung bringen.) Unter dem Pontifikat Johannes XXIII., der dem Mönch in herzlicher Abneigung verbunden war, kam sogar der Verdacht auf, Pio habe weibliche Schützlinge sexuell belästigt. Als der Pilgerstrom nach Apulien dennoch nicht abriss, sannen die Kirchenoberen über eine Versetzung nach, doch da warnte Pio eindringlich, die Gläubigen würden ihn lieber in Stücke reißen, als ihn ziehen zu lassen. Ein im Glauben zerfetzter Pio aber wäre zum Märtyrer geworden, nicht auszudenken, ein solcher Kandidat brauchte beim Heiligsprechungsprozess noch nicht einmal ein Wunder! Da ließ ihn die Kurie schon lieber in seinem Kloster.

Dort empfing Pio Hunderttausende von Bittstellern und Kranken, nicht alle behandelte er gut. Denn der Mönch vom Gargano war kein sanfter Mann, er konnte grob werden, seine Wutanfälle und sein despotisches Temperament waren bald ebenso legendär wie seine Heilkraft. Selbst tagelanges Antichambrieren tat jedoch dem Enthusiasmus der Gläubigen keinen Abbruch. Es war, als verkörpere der ruppige Pater eine tief verwurzelte Sehnsucht nach Heiligkeit. »Als soziale Handlung ist die Heiligkeit immer interaktiv«, schreibt der Historiker Sergio Luzzatto in seiner kritischen Biographie des Padre Pio. »Die Heiligen bemessen sich also nach ihrer Wirkung und nicht nach dem, was sie als reale Personen waren oder sind.« Luzzatto erwähnt auch, dass Padre Pio faschistische Bonzen unter seine Fittiche nahm, und wie er sich bei einem Apotheker Säure zu verschaffen suchte, um seine Wundmäler offen zu halten.

Doch trotz oder gerade wegen der Skepsis und Ablehnung von Kirchenführern und Intellektuellen wurde der ungebildete und ungehobelte Pio zur Projektionsfläche jener Italiener, die, wie Ignazio Silone feststellte, durch Krieg und Armut zutiefst verängstigt und verunsichert waren, »mit einer Angst geschlagen, gegen die keine Gewerkschaft half«. Und so war Padre Pio nie ein demokratischer Heiliger, er verwies mit seinen Stigmata auf das Mittelalter und blieb der unbedarfte Patron eines feudalistisch-archaischen Italien, das seiner eigenen Kraft nicht traute und lieber in der Bewunderung des Unerklärlichen erstarrte – auf ein Wunder hoffend, das jeden treffen konnte, nachdem es ja schließlich auch einem unbedeutenden Kapuzinermönch in der Einsamkeit Apuliens widerfahren war.

Tatsächlich erfolgte Padre Pios Kanonisierung lange vor dem offiziellen Akt in den Abendtalkshows, wo Gläubige und wundersam Geheilte, assistiert von beflissenen Ärzten und Geistlichen, unterstützt von einem stets devoten Moderator, ihre Choräle auf den heiligen Mann anstimmten. Nach Jahrzehnten der medialen Dauerbombardierung war der Vatikan endlich zermürbt. Als erster Papst reiste Johannes Paul II. 1987 nach San Giovanni Rotondo. Und obwohl hinter vorgehaltener Hand die über den Volksaberglauben empörten Experten in der

Heiligsprechungs-Kongregation den toten Pio an allen möglichen Plätzen wähnten, nur nicht im Himmel, wurde der Kapuziner am 2. Mai 1999 seliggesprochen. Vor dem erwarteten Pilgeransturm blieben in Rom auch am Montag die Schulen geschlossen und die Stadtverwaltung sperrte sogar für gewöhnliche Sterbliche die Stadtautobahn, um den Pilgerbussen Vorfahrt zu gewähren. In Rekordzeit folgte die Heiligsprechung am 16. Juni 2002.

Die Italiener verehren Pio immer noch, aber sie tun es am Grab des Volksheiligen überraschend still. Ein dunkelgrauer Granitsarkophag steht mitten in einem kleinen Saal der Unterkirche, darauf ordentlich platzierte Sträuße von Rosen, Lilien, Orchideen. Keine Blume tanzt aus der Reihe, alles ist umzäunt von einem schmiedeeisernen Gitter und geradezu beklemmend sachlich, zweckmäßig und aufgeräumt. Nichts an diesem Raum, in dem sich an einem Mittwochnachmittag in der Fastenzeit gut sechzig Menschen versammelt haben, wirkt spirituell oder gar mystisch. Neonleuchten tauchen die Grabstätte, den schlichten Altar in einer Nische dahinter, die einfachen Holzbänke an den Wänden in ein hartes, schattenloses Licht. Den Videokameras entgeht nichts.

Der helle Fliesenboden strahlt Kälte ab. Padre Pios Stigmata sollen Blumenduft verströmt haben und seine Hände sollen bei der Exhumierung 2008 so glatt ausgesehen haben, »als kämen sie frisch von der Maniküre«, wie der Bischof von Manfredonia anschaulich erklärte. Das Gesicht wird von einer Silikonmaske abgedeckt, dadurch hat der Santo etwas Puppenhaftes.

Es riecht nur nach scharfen Putzmitteln, keimfrei und kein bisschen geheimnisvoll, weniger heilig als geschäftig. Große Hinweisschilder verhindern, dass die Gläubigen den Ausgang nicht finden und deshalb den Eingang verstopfen.

Die meisten kommen über die Treppe nach unten, bekreuzigen sich, beten rasch am Grab und gehen dann zügig weiter. Es reicht ihnen eine kurze Begegnung mit Padre Pio, ein Blick, ein Gruß, ein Anliegen. Fünf Frauen knien vor dem Eisengitter und murmeln den Rosenkranz, ein Ehemann wirft ihnen ungeduldige Blicke in die gebeugten Rücken und schreibt SMS. Nichts ist zu hören außer dem Klacken der Handys, mit denen die Gläubigen sich und das Grab fotografieren, dem murmelnden Singsang ihrer Gebete, dem Klingeln von Münzen, die in den Opferstock fallen. Ein junges Mädchen ist stumm und mit geschlossenen Augen auf die Bank gesunken, eine Stunde wird sie so sitzen, vollkommen still und regungslos. Junge Männer in Lederjacken, mit sorgfältig gegelten Haaren und Sonnenbrillen, die sie im Gebet nicht absetzen, fallen auf die Knie, und wenn sie wieder aufstehen, recken sie das Kinn trotzig vor und stopfen die Fäuste in die Hosentaschen, wie um zu sagen: geschafft. Und nun ist er dran, Pio, er soll gefälligst ein gutes Wort einlegen beim Herrgott, für einen anständigen Arbeitsplatz, eine neue Liebe oder einen Lottogewinn. Der größte Jackpot aller Zeiten ist von einer Lottogemeinschaft in Peschici wenige Kilometer weiter geknackt worden, klar, wer da die Hände im Spiel hatte.

Dass Pio immer noch hier unten ruht, in der »Streichholzschachtel«, wie er diese Kirche nannte, liegt hingegen an seinen Gläubigen. Er selbst fand die 1959 geweihte Kirche Madonna delle Grazie, ein schlichtes Gotteshaus im neoromanischen Baustil, schon zu Lebzeiten zu klein. Deshalb gibt es ja auch nebenan die neue Kirche von Renzo Piano, die überhaupt nicht aussieht wie eine Streichholzschachtel. Sie besteht aus Sandstein und Glas, fasst knapp 7000 Gläubige und noch einmal 30000 im Vorraum. Eine riesige, dabei ziemlich flache Halle, freundlich, licht und trotz ihrer Ausmaße unaufdringlich. Sie hat die Form einer Muschel mit grünem Kupferdach. Knorrige, uralte Olivenbäume zieren den Vorplatz. Hierhin sollte der Heilige überführt werden in feierlicher Prozession, bei Piano sollte Pio seine neue Ruhestätte finden. Aber die Pilger haben dagegen protestiert, beim Amtsgericht in der Provinzhauptstadt Foggia ist sogar eine Klage anhängig. Piano geht es wie dem Propheten im eigenen Land: Er wird auf der ganzen Welt umworben, aber die Anhänger von Padre Pio mögen sein Gotteshaus nicht. Sie fürchten, dass Pio von Piano in den Hintergrund gedrängt wird, dass die Leute am Ende wegen des Stararchitekten nach San Giovanni Rotondo pilgern und weniger wegen des Volksheiligen. Piano ist zu intellektuell für Pio, die Streichholzschachtel passt besser.

An Pianos Kirche wurde von 1991 bis 2004 gebaut. Aber für 120 neue Hotels brauchte man nach der Heiligsprechung nur zwei Jahre. Abgesehen von der winzigen Altstadt aus zwei Straßen mit pastellfarbenen Häusern aus der vorletzten Jahrhundertwende besteht San Giovanni aus Betonklötzen, die wahlweise als Parkhaus, als Hotel oder als Krankenhaus fungieren. Die Hotels heißen »Antlitz« oder »Grand Hotel der Engel«, aber auch »Euro« – man versteht schnell, dass in San Giovanni Rotondo Heiliges und Profanes sehr eng und friedlich nebeneinander leben. Viele Pilger steigen kurz nach Mitternacht in Rom oder Mailand in einen Bus, fahren die sechs oder zehn Stunden nach Apulien, halten sich ein Weilchen bei Padre Pio auf und kehren gleich wieder heim. An sie haben jene Wirte gedacht, die Tische und Stühle für ein Picknick vermieten, das kostet pro Person einen Euro. Andere Pilger bleiben, wenn auch meistens nur für eine Nacht. Sie brauchen nicht viel Komfort außer dem garantierten Pio-Bild über dem Bett. Die Herbergen sind einfach, manche noch nicht einmal verputzt. In den Hotelvorgärten stehen weiße Plastikstühle und Tische mit abwaschbaren Decken, in einem sogar ein Dutzend rosa gemusterte Gummistiefel im Gänsemarsch. Die Gummistiefel werden als Blumentöpfe genutzt, aus ihnen wachsen bunte Primeln.

Die Andenkenläden bieten neben Trinkbechern, Schneekugeln und Babylätzchen mit Padre Pio, neben Padre-Pio-Statuen in allen Größen, neben Rosenkränzen und Weihwasserbecken auch Devotionalien in den Farben der großen Fußballklubs feil.

Es gibt schönere Orte in Süditalien als San Giovanni Rotondo, diese Kleinstadt inmitten dürrer Viehweiden und steiniger Olivenhaine, wo sich die Pilger die Beine in den Bauch treten zwischen Pios Kirche und seinem Krankenhaus, Pios Fernsehsender und seinem Radio und natürlich Pios Museum. In den paar Räumen über dem Grab in der Krypta wird alles gezeigt, was zum irdischen Leben des Heiligen gehörte, ein Leben in Demut, Armut und Kälte. Pio besaß Dutzende von wollenen Unterhemden und Unterhosen, sie sind alle sauber gefaltet ausgestellt. Es gibt blutbefleckte Kissenlaken – ja, die Stigmata. Und aus dem Sterbezimmer werden folgende Reliquien gezeigt: eine Packung Schweizer Hustenbonbons, eine Taschenlampe und ein Korkenzieher.

Padre Pios Region wird von einem Mann regiert, der lila Krawatten trägt und am rechten Ohr einen Ohrring. Ministerpräsident von Apulien ist seit 2005 Nicola Vendola, den alle nur Nichi nennen, auch die politischen Gegner. Als Vendola 1958 geboren wurde, lebte Pio noch. Als Pio tot war, studierte Nichi in Bari Philosophie. Und später wurde er der erste italienische Politiker, der sich offen zu seiner Homosexualität bekannte. Dass er im tief katholischen Süden dennoch gewählt wurde, reichte an eine Sensation.

Der Schwule und der Heilige, wie passt das zusammen? Der Kommunist und der Katholik – Vendola ist beides in Personalunion und dazu ein großartiger Geschichtenerzähler, obwohl er konsequent lispelt. Er war in der KPI, dann in der Nachfolgepartei Rifondazione Comunista, schließlich gründete er seinen eigenen Verband »Linke, Umwelt, Freiheit«. In der Hosentasche trägt er stets einen Rosenkranz, und natürlich geht Nichi Vendola auch zur Messe. Das heißt aber nicht, dass er für die Kirche Politik macht, im Gegenteil. Religion ist für Vendola Privatsache, als Apuliens Ministerpräsident versuchte er sogar, einen Einstellungsstopp für Abtreibungsgegner an staatlichen Krankenhäusern durchzusetzen, vergebens. Padre Pio ist stärker als Vendola. Noch.

Denn während Pio dem Volk nicht mehr zu bieten hat als das Spektakel der Stigmata und die Caritas der Krankenhäuser, macht Vendola aus Apulien eine der modernsten Regionen Italiens, deren Lebensqualität durchaus mit der im reichen Norden konkurrieren kann.

Apulien ist die Nummer eins in Italien mit erneuerbaren Energien, hat mehr Radwege als die Toskana und ist überhaupt dabei, das traditionelle Shangri-La der europäischen Linken als Urlaubsziel Nummer eins auszustechen. Während die katholischen Wallfahrer auf den

Gargano ziehen, pilgern die linken Radical-Chic-People ins Salento auf dem Stiefelabsatz, den südlichsten Zipfel von Nichiland. 300 Kilometer trennen die Stadt des Heiligen von den neuen Kultstätten der Intelligenzia, man muss einfach nur an der Adria entlang weiter nach Süden fahren.

In Berlusconien hatten sich die Radical Chic zu rastlosen Nomaden entwickelt, deren einstige Rückzugsorte einer nach dem anderen von Forza Italia erobert wurden. Nach Sardinien fahren längst die Immobilienhändler, das Personal der Berlusconi-Sender und die Fußballprofis des AC Mailand, um gemeinsam mit den Abgeordneten des Big Spender in Flavio Briatores »Bilionaire« zu feiern. Ähnlich ist das Publikum auf Capri, nur älter. Und in der Maremma tummeln sich lauter Ehemalige, die neben der physischen Form auch die ideologische Substanz ihrer Jugend ablegten, um sich von linken Savonarolas zu neoliberalen Marktschreiern zu wandeln.

Bleibt Finis Terrae, diese uralte Kulturlandschaft mit schweren, süffigen Rotweinen wie dem Salice und dem Primitivo und einer Bevölkerung, die ähnlich knorrig ist wie die von ihr hingebungsvoll gepflegten Olivenbäume (12 Prozent der Weltproduktion), viel katholischer als die Römer (94 Prozent) und doch so weltoffen, dass sie als Einzige in Italien massenhaft einen Schwulen wählt. Und so schwirren die Radical Chic ins Salento, besteigen in der hier leuchtend blauen Adria und im türkisfarbenen Ionischen Meer ihre Yachten oder schlängeln sich durch das Schachbrettmuster der Olivenhaine mit dem Jaguar. Zwischendurch schwitzen sie sich in den steilen Straßen um das Kap von Santa Maria di Leuca ein paar Pfunde auf dem Mountainbike ab und präsentieren ihre Pilatesgestählten Körper zum Pizzica-Tanz auf den Patronatsfesten. Pizzica heißt Stich, die aus griechisch-arabischen Einflüssen entstandene Ethnomusik klingt nämlich wie von der Tarantel gestochen und ist flirrend wie die apulische Sommerhitze und verwirrend wie das Labyrinth der Straßen. Pizzica ist aber auch nur eine Variante von Post, denn Apulien ist ein Post-Land, postmodern und postarchaisch, postfeudalistisch und postkommunistisch, postkatholisch und postsäkular.

»Es ist ja so«, lispelt der Regionalpräsident Vendola, der natürlich selbst seinen Urlaub im schicksten Teil seiner Region verbringt, »es ist ja so, dass Italien nicht langsam säkularisiert wurde wie andere europäische Länder. Hier hat der religiöse Faktor in der Politik überlebt.« Berlusconi hat das für sich zu nutzen gewusst, indem er sich als Gesalbter darstellte, ein Messias des Rechtspopulismus und Prophet des steuerfreien Konsumismus, der seine politischen Gegner zu Antichristen stempelte. Der Süditaliener Vendola hingegen betont die ethische Haltung von Religion. Die junge demokratische Tradition Italiens fuße auf zwei Säulen, dem europäisch orientierten Sozialflügel der alten Democrazia Cristiana und dem reformatorischen Flügel der KPI. »Deshalb attackiert der Berlusconismus die Katholiken und die Kommunisten.« Sich selbst empfindet Vendola als eine Art personifizierter historischer Kompromiss, wie in Italien der Zusammenschluss von christlichen Demokraten und Kommunisten genannt wird. Wie zufällig lebt er mit seinem fast zwanzig Jahre jüngeren kanadischen Lebensgefährten in einem kleinen Ort in der Nähe von Vendolas Geburtsstadt Bari, auf halber Strecke zwischen Padre Pio und Radical-Chic-Land.

In Wirklichkeit ist der rote Nichi der einzige linke Politiker, der glaubhaft postideologisch daherkommt, »denn wir sind ja nicht Kommunisten, um für Jahrhunderte eine monotone Liturgie daherzubeten oder starre Wahrheiten zu predigen, sondern um uns von den Fetischen einer Welt zu befreien, die das Leben missbraucht, die Arbeit zur Ware macht und die Gesellschaft zerstört«.

Vendola ist ein Medienprofi, und während der in die Wolle gefärbte Großvater Berlusconi das Großelternmedium Fernsehen bedient, ist der naturgraue Fünfziger aus Apulien ein Virtuose des Jugendmediums Internet. Sein Projekt »Nichis Fabriken« war eine reine Internetkampagne, betrieben von jungen Italienern, die über das Netz ihre Ideen und Vorschläge für die Politik verbreiteten. Tatsächlich kann man sich in Vendolas Partei nur elektronisch einschreiben, anstatt Ortsvereinen und Mitgliedsbüchern gibt es nur noch Facebook und E-Mail-Adressen. Und doch erscheint der Parteivorsitzende Vendola als so viel echter als der Populist Berlusconi. Denn während Berlusconi sich ganz auf seine virtuelle Überzeugungskraft verlässt und höchst selten leibhaftig seinen Anhängern erscheint, ist der Mann aus Apulien ständig unterwegs. Wenn die Fiat-Arbeiter in Turin sich zur Urabstimmung über den neuen Tarifvertrag versammeln, steht Vendola an den Werkstoren. Wenn das Hochwasser in Venetien die Werkhallen der Kleinunternehmer bedroht, sitzt Vendola schon mit im Boot.

In der Agonie des Berlusconismus und in der Lähmung der Opposition setzten sich die Kandidaten von »Linke, Umwelt, Freiheit« auch in anderen Regionen gegen ihre Konkurrenz von der ungleich größeren Demokratenpartei durch. Sein Meisterstreich aber gelang Nichi Vendola mit einer Homestory in der Illustrierten *Chi*, die in einem der Verlage Berlusconis erscheint und als inoffizielle Hofgazette des gesamten Berlusconi-Clans gilt. *Chi* entsandte einen Reporter zu Vendola und dessen Lebensgefährten nach Apulien, der über den katholischen Kommunisten am Ende Italiens so urteilte: »Von allen Vertretern der Linken ist er Berlusconi am ähnlichsten. Wegen seiner Menschlichkeit.« Von allen Vertretern der Linken ist Vendola Berlusconi am gefährlichsten. Seine Biographie könnte im katholischen Italien ein Skandal sein – doch während die Sexaffären des Rechtspopulisten nicht abreißen, führt der Schwule aus Apulien ein beschauliches Eheleben. Während sich Berlusconi brüstet: »Ich bin kein Heiliger«, verehrt Vendola Padre Pio. Berlusconi verkörpert ein Italien, das dem Untergang geweiht ist, weil es keine Substanz hat, Vendola ist die Zukunft auf den stabilen Säulen seiner Heimat. So kann der Mann des Südens den Mogul aus dem Norden ablösen, wenn Pio seinen Segen gibt.

Kapitel X

KALABRIEN: JAGD AUF DIE ENTRECHTETEN

Das Elend der illegalen Erntehelfer am Rande Europas

Hier leben die Armen und Rechtlosen. Die Eindringlinge, die keiner haben will, die Sklaven, die Obst und Gemüse auf Italiens und Europas Tische bringen. Erntehelfer, Wanderarbeiter ohne Vertrag, ohne Ansprüche, ohne Haus. Denn das »Haus der Ägypter« ist schon lange kein Haus mehr, nur ein verlassenes, verschlossenes Gebäude an Europas Anfang und Ende, tief in Kalabrien, an der löchrigen Straße von Rosarno zum Meer. Das Ägypterhaus heißt so, weil hier früher einmal Ägypter gewohnt haben, wann genau, mag niemand mehr sagen. Wer das Gebäude finden will, dem hilft kein Straßenschild und kein Nachbar, denn die Schilder und die Nachbarn reden nicht in diesem Teil Italiens. Es hilft nur das vor dem Eingang geparkte Auto der Hilfsorganisation »Ärzte ohne Grenzen«.

Die Ärzte sind im Untergeschoss, früher war hier ein Stall. Jetzt sind die Tiere weg, ein Mann liegt da, der sich am Fuß verletzt hat. Er liegt inmitten von stinkenden Abfällen, aber was soll's, draußen nieselt ein kalter Februarregen, hier ist es wenigstens trocken. Der Verletzte ist Marokkaner, wie alle Männer, die auf dem verschlammten Grundstück des »Ägypterhauses« in einem Dutzend armseliger Hütten hausen. Sie arbeiten als Erntehelfer. Heute pflücken sie Clementinen in Rosarno, morgen ziehen sie weiter Richtung Neapel und Caserta, ernten Wintersalat und Brokkoli, dann gibt es Erdbeeren in Terracina und Tomaten in Apulien oder Paprika im Piemont. Nicht immer müssen sie während der Arbeitseinsätze in Hütten wie diesen schlafen, die mit Plastikplane nur notdürftig gegen den Regen geschützt sind. Ohne Wasser, ohne Klo und ohne Licht.

Der Verletzte stöhnt leise. Die Ärztin, eine junge Französin, schließt den speckigen Vorhang zu seinem Verschlag. Sie will in Ruhe die Wunde versorgen, bevor sie gehen muss, in der Abenddämmerung. Sie ist blond und blitzsauber, sie hat ein schönes Lächeln, und hier sind lauter Männer. Sie zuckt die Achseln als Antwort auf die Bemerkung, man hätte »Ärzte ohne Grenzen« woanders vermutet – in armen Ländern, im Erdbebengebiet von Haiti, aber doch nicht hier in Süditalien. »Wir arbeiten, wo wir gebraucht werden«, sagt sie trocken. Bei den Illegalen wird sie gebraucht. Die Illegalen haben keine Papiere und deshalb auch keinen Anspruch auf die staatliche Gesundheitsvorsorge. In Großstädten wie Rom oder Mailand werden sie von den Ärzten einfach mitbehandelt. Hier in Rosarno geht das nicht. In Rosarno kennt jeder jeden, und ein einheimischer Arzt, der den Marokkanern hilft, würde sich verdächtig machen.

»Ärzte ohne Grenzen« folgt den Wanderarbeitern von Ernteeinsatz zu Ernteeinsatz. Nicht nur in Rosarno versorgt die Organisation, der 1999 der Friedensnobelpreis verliehen wurde, die Migranten, auch auf Sizilien und in Kampanien sind ihre Mediziner dabei. Drei Viertel ihrer Patienten sind nie mit dem staatlichen Gesundheitssystem in Berührung gekommen. Die Männer leiden an Erkrankungen der Atemwege und der Haut und des Magen-Darm-Trakts. Am Anfang nur kleine Infektionen, die immer gefährlicher werden, wenn man sie nicht behandelt, und behandelt werden sie oftmals kaum, weil die Männer weiterarbeiten wollen und müssen. Sie können es sich nicht leisten, einen Tag auszufallen, ein Tag ohne Arbeit und Lohn ist ein verlorener Tag. Eine Tragödie. »Um diese Wanderarbeiter gibt es eine große Heuchelei«, hat »Ärzte ohne Grenzen« erklärt. Alle wüssten, dass über 60 Prozent der Helfer in der Landwirtschaft Einwanderer ohne Papiere seien. »Aber man sieht darüber hinweg, bis die Ernte eingefahren ist. Bis man die Baracken aus Karton und Plastik abreißen kann.«

Seit fünf Jahren ist genau das der Lebensrhythmus von Abdulhak aus Marokko. Seit fünf Jahren baut er seine Hütte, geht auf ein Feld, das sein Vorarbeiter ihm anzeigt, und wenn das Feld abgeerntet ist, wird auch die Hütte abgerissen. »Den Italienern ist es egal, wie wir leben«, sagt Abdulhak, »Hauptsache, wir stören nicht. Wir arbeiten und dann verschwinden wir. Und meistens haben wir solche Unterkünfte.« Er zeigt seine Hütte im verschlammten Hof des »Ägypterhauses« von Rosarno. Vier Quadratmeter, zwei Matratzen, Plastiksäcke. Abdulhak ist 26 Jahre alt, er hat ein scharf geschnittenes Gesicht und lückenhafte Zähne, aus denen er Wörter herauszischt, die nach Resignation klingen, aber auch nach der Hoffnung, etwas Besseres als den Tod überall zu finden.

Vor fünf Jahren kam er über das Meer nach Italien, auf einem der vielen Schiffe mit Kurs auf die Insel Lampedusa. »Wir waren knapp 300 damals, auf dem Schiff«, erzählt er, und dass er 2000 Dollar bezahlt habe für die

Überfahrt. Er kam in ein Notaufnahmelager, dann gelang es ihm, sich »abzusetzen«, wie er sagt. Seither arbeitet Abdulhak als Erntehelfer, für 20 Euro am Tag. Brutto wie netto: schwarz. Der Großteil des Lohnes geht nach Marokko. »Man braucht ja nicht viel für diese Art von Leben.«

In Rosarno wäre die Ernte weiter gelaufen wie immer. Aber dann passierten die Krawalle, die die Kleinstadt im Südwesten Kalabriens in die Schlagzeilen der internationalen Presse rückten. Eröffnet wurden sie durch Übergriffe der Einheimischen auf die Migranten: Luftgewehrschüsse auf einen jungen Mann aus Burkina Faso, Steinwürfe auf ein Auto mit Ghanaern, ein Brandanschlag gegen eine der armseligen Erntehelfer-Unterkünfte. Die Afrikaner reagierten mit Wut. Etwa 120 Männer zogen mit Stöcken bewaffnet durch die Straßen, zerschlugen Autofenster, kippten Mülltonnen um, wurden handgreiflich. »Ein Sklavenaufstand«, schrieb *L'Avvenire*, die Zeitung der katholischen Bischofskonferenz.

Die Vergeltung ließ nicht auf sich warten – die Leute von Rosarno schlugen zurück. Sie veranstalteten eine regelrechte Hetzjagd auf die Männer aus Afrika. Es fielen Schüsse, manche verfolgten die Männer aus Togo, Elfenbeinküste, Kamerun, Ghana mit ihren Autos. Am Ende gab es 67 Verletzte und Rosarno glich einer besetzten Stadt. Denn das Innenministerium hatte Polizisten geschickt, die über 800 »aufrührerische« Immigranten in »Zentren der Identifizierung und Ausweisung« brachten, wie die gefängnisähnlichen Lager im Bürokratenitalienisch heißen. Über 300 Afrikaner flüchteten in Panik aus der Stadt, versteckten sich vor ihren Jägern und der Polizei.

Abdulhak und viele andere blieben. Sie schimpfen auf die Rebellen, die »uns allen nur neue Probleme gebracht haben«, und hoffen darauf, dass wenigstens für sie die Arbeit in Rosarno weitergeht. Das ist jedoch nicht sehr wahrscheinlich. Nach den Krawallen steht Kalabrien unter besonderer Beobachtung, jedenfalls für kurze Zeit. Europaparlamentarier, Vertreter von Menschenrechtsorganisationen und der italienische Staatspräsident reisten an und verurteilten die menschenunwürdigen Lebensbedingungen der Saisonarbeiter. Dann fuhren sie wieder ab. Und überließen Rosarno sich selbst.

Es waren ja nicht die ersten Unruhen gewesen. Immer wieder ist Italiens armer und rückständiger Süden Schauplatz von Auseinandersetzungen zwischen Einheimischen und Migranten. Bereits 1990 brannten nördlich von Neapel die Slums der Erntehelfer, im September 2008 erschoss die Camorra in der Nähe von Caserta sechs Afrikaner, eine »Exekution« wegen Nichteinhaltung der Regeln. Es ist ein Krieg gegen die Armen, in dem die Rechtlosen dafür »bestraft« werden, dass sie ihre Rechte einfordern. Nur sehr selten werden die Migranten beschützt oder gar von den Carabinieri befreit wie jene über hundert Polen, die im Sommer 2006 aus der Sklaverei in Apulien gerettet wurden und über die Italiens oberster Anti-Mafia-Staatsanwalt Piero Grasso sagte: »Es waren Zustände wie in Gefangenenlagern.«

Damals geschah das Drama der Unmenschlichkeit in der Kleinstadt Orta Nova bei Foggia. 20 000 Illegale arbeiteten dort auf den Gemüsefeldern, mehr als Orta Nova Einwohner hat. Der Ort entspricht kein bisschen den pittoresken Klischees von Süditalien, er ähnelt in seiner verkommenen und banalen Hässlichkeit Rosarno, so wie die Tragödie der Polen derjenigen der Marokkaner gleicht. Und genau wie Foggia ist Rosarno paradoxerweise ein Zentrum der italienischen Emigration: Junge Italiener verlassen diese Städte, weil sie zu Hause keine Arbeit finden. Jeder Zweite unter dreißig ist ohne Job. Die Italiener ziehen nach Norden, zu Hause bleiben die Alten und die Sklaven.

Und die Mafia.

Caserta und Rosarno sind Hochburgen von Mafiaorganisationen. In Kampanien herrscht die Camorra, in Kalabrien die 'Ndrangheta. Nahezu unbehelligt konnte sie in den letzten Jahrzehnten, in denen sich Italien vom Auswanderer- zum Einwanderungsland wandelte, die neuen Sklavenmärkte kontrollieren. Längst ist das Einschleusen der Illegalen für Italiens Mafiabanden ein lukratives Geschäft, bei dem die Italiener mit »Kollegen« aus den Herkunftsländern der Migranten zusammenarbeiten. Die Preise für die Einreise nach Italien betragen von 2000 Euro für die Marokkaner bis zu 10 000 Euro für Inder und Pakistani – und wenn sie erst einmal in Italien sind, organisiert ihnen die Mafia den Arbeitsmarkt nach dem gleichen Prinzip, wie früher die einheimischen Tagelöhner verteilt wurden. Billige Arbeit, null Rechte: In diesen Landstrichen am Rande Europas, fernab von Recht und Gesetz, bilden ausländische Arbeiter die allerunterste »Kaste« einer Gesellschaft, die nach den archaischen Mustern von Gewalt und Unterdrückung funktioniert, auch für die Einheimischen.

»In Rosarno herrscht ein Klima der Einschüchterung, das alles blockiert«, sagt ein Mitarbeiter von Rete Migranti, einer Freiwilligenorganisation, die sich um die

Migranten kümmert. Der junge Kalabrier ist nach den Krawallen quasi untergetaucht, »denn ich kann mich in meiner eigenen Stadt nicht mehr sehen lassen. Sie haben mich wissen lassen, dass ich in Ungnade gefallen bin, weil ich die Fremden zum Arzt begleite und zur Polizei.« Wie ist diese »Ungnade« spürbar? »Mit Andeutungen, Anspielungen. Bei uns reichen Blicke – und wir verstehen. Rosarno ist ein schwarzes Loch. Du kannst hier niemandem trauen. Es gibt keine Rechte und keine Sicherheit.« Er will seinen Namen nicht öffentlich machen, er bittet um einen Treffpunkt im Nachbarort, an dem er dann nicht erscheinen wird, er wirkt gehetzt wie ein gejagtes Wild. Schließlich hat er es mit Leuten zu tun, die ihre Feinde in Salzsäure auflösen, die Brutalität der 'Ndrangheta macht auch vor den eigenen Familienmitgliedern nicht Halt.

Rosarno hat seit einem Jahr keinen Bürgermeister, der Stadtrat wurde wegen Mafiaverbindungen aufgelöst. Seither führen in dem heruntergekommenen Rathaus aus der Zeit des Faschismus drei Regierungskommissare die Geschäfte. Sie verwalten die Stadt, Politik aber wird hier nicht mehr gemacht. In Rosarno herrscht der 'Ndrangheta-Clan der Familie Pesce und es herrscht die Angst, es herrscht das Misstrauen, das den Leuten gegenüber Fremden und Freunden den Mund versiegelt.

»Niemand rebelliert in Kalabrien«, hat der Schriftsteller Roberto Saviano geschrieben, der selbst von der Camorra verfolgt wird. »Nur die Afrikaner haben es getan. Und damit haben sie die Würde aller Kalabrier, aller Italiener verteidigt. Die Migranten kommen nach Italien, um Arbeiten zu übernehmen, die die Italiener nicht mehr ausüben wollen. Aber sie beanspruchen auch Rechte, die

die Italiener nicht mehr verteidigen, weil sie zu ängstlich sind oder zu gleichgültig oder zu erschöpft.« Die Unterstützung durch den weltberühmten Saviano mache die Lage für die Ausländer und ihre italienischen Beschützer in Kalabrien noch prekärer, glaubt der Helfer von Rete Migranti. Weil sich der Zorn der Mafia nun erst recht auf sie richtet.

Rosarno ist von Rom fast so weit entfernt wie München, aber über unsichere Straßen viel schwieriger zu erreichen. Wälder von Orangenbäumen umgeben die Stadt, riesige Plantagen mit fetten, sonnenschweren Früchten, die noch niemand geerntet hat. Und die vielleicht auch niemand ernten wird. Es sind ungespritzte Orangen, die auf den Märkten Nordeuropas sensationelle Preise erzielen könnten, den Bauern in Kalabrien aber kaum die Produktionskosten einbringen. Die meisten haben bislang an die Saftindustrie geliefert – aber die zahlt in diesem Jahr nicht mehr als sechs Cent pro Kilo. Der Markt wird von Billigobst aus Brasilien und China überschwemmt, und in Kalabrien ist man der Konkurrenz nicht gewachsen. Kaum jemand setzt auf Qualität anstatt auf Masse. Anstatt neue Absatzwege zu suchen, werden die Löhne der Erntehelfer gedrückt. Arbeiter, die man vertreiben kann, wenn sie lästig werden. Die Mentalität der Erzeuger ist fast so rückständig wie die Infrastrukturen – es ist ein feudalistisches System, in dem die Bosse und ihre Helfershelfer den Ton angeben und die Marktgesetze diktieren.

»Kein Blatt bewegt sich, ohne dass die Clans es wissen und wollen«, glaubt Francesco Forgione, Expräsident der parlamentarischen Antimafiakommission, ein 'Ndrangheta-Experte, der selbst aus Kalabrien stammt. »Der

Handel mit Obst und Gemüse bedeutet Peanuts für die Bosse, ebenso wie das Schutzgeld, das sie von Bauern und Landarbeitern gleichermaßen abpressen. Aber die Stärke der 'Ndrangheta ist die totale Kontrolle ihres angestammten Territoriums. Sie diktiert alles – von der Jagd auf die Arbeiter bis zu den heuchlerischen Solidaritätsaktionen.« Forgione mutmaßt, dass die rebellischen Afrikaner in Rosarno bald durch Osteuropäer ersetzt würden. EU-Europäer sollen Illegale ersetzen, früher war es umgekehrt. Bislang ersetzten stets neue Illegale aus immer ferneren Ländern jene Arbeiter, deren Länder zur EU gehörten – und deren Rechte und Löhne deshalb stärker wurden. Doch heute schützt eine Aufenthaltsgenehmigung weniger die Arbeiter als ihre Ausbeuter, schätzt der Mafia-Experte Forgione. Wer illegale Einwanderer beschäftigt, soll mit Bußgeldern belegt werden und öffentliche Zuschüsse sowie EU-Subventionen zurückzahlen müssen, besagt eine neue EU-Richtlinie. In Italien riskieren Arbeitgeber, die Illegale beschäftigen, schon jetzt Haftstrafen und Bußgeld in Höhe von 5000 Euro pro Mitarbeiter. »Rumänen machen da weniger Probleme«, sagt Forgione und fügt sarkastisch hinzu: »Und sie wissen, wann sie den Mund halten müssen.« Osteuropäische Schleuserbanden und die Kalabrier arbeiten schon länger gewinnbringend zusammen.

Aber auch in Kalabrien arbeiten Gewerkschaften. Und Rosarno war vor dem Aufstand der Rechtlosen berühmt für die Aufmüpfigkeit seiner einheimischen Landarbeiter. Ein Gewerkschafter wurde von der 'Ndrangheta ermordet, als zwischen den Bossen und den Arbeitern noch ein Krieg der Gleichberechtigten herrschte. Dann kam die Krise. Und die Krise der Landwirtschaft stärkte die Macht der 'Ndrangheta. Früher, erzählt der Gewerkschafter Antonio Calogero, sei Kalabrien ein Paradies für Subventionsbetrüger gewesen. »Hier war das Land der Papier-Orangen«, dröhnt Calogero und fabuliert von Ölmühlen, in denen nie Oliven gepresst, von Saftfabriken, in denen nie eine Orange verarbeitet wurde. Das waren noch Zeiten!

Vom Betrug an der EU konnten Bosse und Bauern gleichermaßen profitieren, heute wettern Landwirtschaftsverbände und Gewerkschafter im Chor gegen die EU-Agrarreform. Seit kurzem werden Zuschüsse nicht mehr nach Erntegewicht, sondern nach Anbaufläche berechnet. Also müssen die Bauern ihr Obst nicht mehr ernten, um für ihre Haine Subventionen zu kassieren. Das führt zur Stilllegung vieler Orangenhaine, für diejenigen, die weiter bewirtschaftet werden, gibt es in jedem Fall viel weniger Geld als früher. Wo es weniger Geld gibt, wachsen Resignation und Verzweiflung, und das ist genau der Humus, aus dem die 'Ndrangheta sich nährt. In ihrer Angst vor Verarmung wenden sich die Bauern an die Mafia, denn sie verschafft ihnen Arbeitskräfte und Schutz vor Polizeikontrollen.

In seinem winzigen Büro, 12 Kilometer von Rosarno am Rand der molochartigen Hafenstadt Gioia Tauro, entwirft Calogero große Gruselszenarien. Darin spielen Agrarunternehmer eine Rolle, die auf dem Papier italienische Erntehelfer beschäftigen, für die sie staatliche Arbeitslosenzuschüsse kassieren. In Wirklichkeit beuten sie aber ausländische Erntehelfer aus. »Von 13 000 Landarbeitern sind offiziell nur 10 Prozent Ausländer«, ruft Calogero. »Aber wenn Sie durch die Plantagen fahren, sehen Sie dort keinen einzigen Italiener arbeiten.« Die Polizei schaut weg.

Immer mehr Bauern verkaufen ihr Land zu einem lächerlichen Preis – nur, um es loszuwerden. Die 'Ndrangheta schafft sich so billig neue Latifundien und die endlosen Orangenhaine Kalabriens werden Sehnsuchtsobjekte für ihre Bodenspekulanten. Denn man kann viel Zement verbauen, wo heute Orangen reifen und faulen. Schon redet man davon, dass die Symbolbäume der uralten Kulturlandschaft verschwinden könnten, unwiderruflich. Wenn aber die Orangenbäume verschwinden, dann werden auch Menschen wie der Marokkaner Abdulhak nicht mehr gebraucht. Wanderarbeiter wie sie sind in Kalabrien nur Vorboten für den Untergang der Landwirtschaft.

Kapitel XI

SIZILIEN: HIMMELSSTÜRMER
IM MYTHENMEER

Die unendliche Geschichte der Brücke von Messina

Hier also soll sie stehen. Das Jahrhundertprojekt, der Jahrhundertwurf. Der Traum der einen und Albtraum der anderen: die größte Hängebrücke der Welt. Hier wird sie ankommen, hier wird ihr Pfeiler fußen, auf diesem Granatapfelbaum, auf den rosa Hortensien, der Bananenstaude und dem langarmigen Kaktus. Auf dem gelben Katzenfutternapf, dem Wäscheständer und überhaupt auf dem Garten und dem Haus von Emilio De Domenico und seiner Familie. Emilio De Domenico wird einen neuen Granatapfelbaum pflanzen müssen, woanders. Er wird ausziehen müssen aus seinem gelb verputzten Einfamilienhaus in eine Neubausiedlung in Ganzirri, 15 Kilometer nördlich von Messina. Emilio De Domenico wird dem Giganten weichen.

Gut 3300 Meter lang und 65 Meter hoch soll die Brücke die Meerenge von Messina überspannen, mit Eisenbahngleisen in der Mitte und rechts und links davon einer Autobahn. Die Pfeiler, auf denen die Brücke auf Sizilien und in Kalabrien liegt, sollen 382 Meter hoch werden, 58 Meter höher als der Eiffelturm inklusive Fernsehantenne. Ein gigantisches Bauwerk soll Sizilien an Kalabrien anschließen. Die größte Insel des Mittelmeeres mit 5,3 Millionen Einwohnern wird dann keine richtige Insel mehr sein.

Die Pfeiler des Brückengiganten werden himmelsstürmende Türme sein aus Stahl und Beton. Sie werden außer dem Haus der De Domenicos und den Häusern ihrer Nachbarn auch einen Teil der Uferstraße schlucken, von der man über die tiefblau schimmernde Meerenge auf die andere Seite sehen kann, auf den kleinen Ort Scilla und die zerklüfteten, kahlen Berge Kalabriens.

Die gepflegten Fassaden, die sorgfältig abgegrenzten Gärten, der Fußballplatz mit echtem Rasen – einer Rarität auf der sonnenverbrannten Insel Sizilien –, die Tennisanlage und die alte Jugendstilvilla mit Meerblick: Das alles muss der Brücke Platz machen, die dann knapp 500 Meter weiter mit einem mächtigen Stahltau an dem Hügel über dem größeren der beiden Seen von Ganzirri angedockt wird. Scharf unterhalb des Friedhofs, für den vor einigen hundert Jahren der höchste Punkt der Gegend ausgesucht worden war – in der Überzeugung, dort hätten die Toten ganz sicher ihre Ruhe. Aber mit der Ruhe könnte es bald vorbei sein.

Emilio De Domenico lächelt in sich hinein. »Ich glaube das nicht. Dass diese Brücke überhaupt kommt.« So lange reden sie schon darüber, so lange planen sie schon, immer nur Geplane und Gerede. Seit 50, 100, ja 2000 Jahren, seit Generationen und Abergenerationen. Jede neue Regierung hat die Brücke neu geplant, und doch gibt es bis heute nur einen Weg über die Meerenge von Messina: mit der Fähre. Sicher, seit Berlusconi die Bühne betreten hat, sind die Brückenredner lauter geworden. Sechs Milliarden Euro sind bewilligt. Ein Brückenbauer-Wettbewerb wurde ausgeschrieben, eine Firma in Norditalien hat ihn gewonnen. Aber dann wurde die Grundsteinlegung verschoben, von Jahr zu Jahr. Genau wie die Frist zur Fertigstellung: Erst 2006, dann 2010, jetzt glaubt schon kein Mensch mehr an 2016. Die Brücke ist ein Phantom. Und der Granatapfelbaum in Emilio De Domenicos Garten ist sehr real. Er trägt dunkelrote, kindskopfgroße Früchte.

Vom Garten geht es ins Haus, ins Arbeitszimmer. Ein kleiner, fensterloser Raum, an den Wänden alte Stiche von allen Häfen des Königreichs Zweier Sizilien, Neapel, Palermo, Messina. Der Hausherr sammelt diese Bilder, auf denen geschäftiges Treiben zu sehen ist und die doch so friedlich wirken. »Ein Hafen, das ist der Inbegriff des Friedens. Im Hafen kommt man an, endlich, nach langer, beschwerlicher Fahrt. Das wilde Meer ist wie ein zorniger Vater, der Hafen ist eine sanfte Mutter. Diese Brücke aber ist eine Kriegserklärung.«

Eine Kriegserklärung gegen die Landschaft, gegen ihre Ortschaften Pace, Contemplazione und Paradiso – Frieden, Beschaulichkeit und Paradies. Sie heißen so, weil die Gegend eine Mischung aus Land's End und großem Spektakel ist, auf der einen Seite Hügel und kleine Seen, auf der anderen eine Explosion von Farben, Wind und Weite. Eine Landschaft, die einmalig ist auf der Welt, weit und großzügig, voller versteckter Dramatik, mythenbeladen und faszinierend.

Emilio De Domenico, sechzig Jahre alt, grauer, wilder Bart, runde Brillengläser, blaue Baskenmütze, blaue Jeans, blaue Windjacke. Ein hagerer graublauer Mann mit der Berufsbezeichnung Oceanografo. Meeresbiologe. Geboren in Messina, aufgewachsen an der Meerenge zwischen Kalabrien und Sizilien, dieser markanten Landschaft zwischen kahlen Hügeln, Himmel und Wasser. Ein unsentimentaler Mann.

»Mein ganzes Leben habe ich hier verbracht. Und mein ganzes Arbeitsleben habe ich dieses Stück Meer erforscht.«

Es handelt sich eigentlich um zwei Meere, das Tyrrhenische und das Ionische, die vor dem Haus des Meeresforschers zusammentreffen. Das Tyrrhenische Meer ist kälter und weniger salzig als das Ionische Meer. Wenn das Tyrrhenische Meer Hochwasser hat, führt das Ionische Meer Niedrigwasser und umgekehrt. Wenn Emilio De Domenico erklärt: »Die schweren Wasser des Ionio fließen in die leichteren des Tirreno«, hört sich das poetisch an, wie ein Liebesspiel der Wellen. In Wirklichkeit bilden sich bei diesem Ineinanderfließen auf beiden Seiten der Meerenge Strudel, aus denen man nicht entrinnen kann.

Strudel, die in früheren Zeiten Schiffe mit Mann und Maus verschlangen. Für die alten Griechen waren sie Ungeheuer. Auf der kalabrischen Seite Skylla, nach der das kalabrische Scilla benannt ist, die verzauberte, entstellte Tochter eines Flussgottes. Ein weibliches Monster, aus deren Unterleib sechs Hundeköpfe und sechs Hundefüße wuchsen. Sie fraß alles, was in ihre Reichweite gelangte, auch sechs Gefährten des listigen Odysseus. Und wer ihr entkam, den verputzte Charybdis, das Ungeheuer vor der sizilianischen Küste, mit seinem Riesenschlund im Meeresboden, der dreimal täglich das Wasser einsog, um es brüllend wieder auszustoßen. In diesen Schlund warf der König in Schillers »Taucher« den Becher.

»Wer ist der Beherzte, ich frage wieder,
Zu tauchen in diese Tiefe nieder?«

Tauchen! Bis heute traut sich das keiner. Die Strömung und die Strudel sind so stark, dass Pläne für eine Untertunnelung der Straße von Messina verworfen werden mussten. Gerade diese Strömungen, erklärt Emilio De Domenico, sorgen für niedrige Wassertemperaturen »wie in einem Stück Atlantik im Mittelmeer«, mit Arten, wie sie sonst nur in tiefen Lagen des Ozeans vorkommen. Zwischen Skylla und Charybdis tummeln sich außerdem Thunfische, Schwertfische, Delphine und sogar Wale. »In Neumondnächten kann man auch den Stumpfnasen-Sechskiemerhai finden, allerdings in 30 Meter Tiefe.« Lichtscheues Gesindel, diese Haie. Die Brücke würde sie vertreiben, warnt der Meeresbiologe. »Tagsüber wirft sie Schatten, nachts wird sie angestrahlt. Das macht die Tiere verrückt. Aber in der Meerenge würde es schon tot, sobald die Baustelle eröffnet wird und die Bohrer und Kräne kommen.«

Tiere, wen kümmern schon Tiere. Altero Matteoli jedenfalls nicht, er kann Menschen wie Emilio De Domenico überhaupt nicht verstehen. Früher vielleicht, da war Matteoli Umweltminister. Aber jetzt ist er Minister für Infrastruktur, residiert in einem pompösen Gründerzeitbau vor den aurelianischen Stadtmauern in Rom und dröhnt in seinem prächtig ausgestatteten Büro: »Fische und Vögel, Vögel und Fische. Mehr fällt diesen Brückengegnern nicht ein. Ich sage, sollen die Fische woandershin schwimmen und die Vögel woandershin fliegen. Diese Brücke müssen wir bauen.« Matteoli hat schon ein Modell unter Glas. Schneeweiß glänzt die Brücke und das Meer tief tintenblau. Unter dem Pfeiler auf Sizilien ist Emilio De Domenicos Garten wohl verschwunden.

Minister Matteoli spricht gern über die Brücke. So

gern, dass er am Tag nach der Anfrage schon zum Interview empfängt – das ist absoluter Bereitwilligkeits-Rekord für ein Regierungsmitglied in Italien. Schnell wird klar, warum: Die Brücke ist sein Lieblingsprojekt. Seit fast dreißig Jahren setzt sich Altero Matteoli schon für dieses Bauwerk ein. Jetzt, mit 68, »will ich sie in meinem Leben noch sehen«.

Der Minister entstammt der neofaschistischen Partei MSI, die später dem Faschismus abschwor und sich Nationale Allianz nannte, bevor sie mit der Berlusconi-Bewegung zum Freiheitsvolk fusionierte. »Wir denken nicht klein-klein, sondern in grande«, sagt Matteoli und breitet theatralisch die Arme aus. In grande, das heißt groß und großartig. Große Maßstäbe, großartige Bauten. In grande denken Menschen, die sich verewigen wollen – am besten in Monumenten für die Nachwelt. Und die sich dabei nicht aufhalten lassen, am wenigsten von Fischen und Vögeln. »Es gehört zu unserer politischen Kultur, große Projekte zu planen. Das ist Teil unserer Ideologie, auch wenn es ja heute keine Ideologien mehr gibt. Wir haben das sozusagen in unserer DNA. Wir lieben die Herausforderung.« Matteoli redet jetzt in Großbuchstaben und schiebt das fleischige Kinn vor wie ein römischer Feldherr. Italiens Rechtsausreißer glauben felsenfest, sie stammten in direkter Linie von Julius Cäsar ab. Alla grande!

Im Ersten Punischen Krieg ließ der Konsul Lucius Caecilius Metellus auf einer Bootsbrücke 140 Elefanten über die Meerenge von Messina schreiten. Die Tiere habe er beim Sieg über den karthagischen Feldherrn Hasdrubal erbeutet, behauptete Lucius, als er mitsamt den Elefanten zum Triumphzug in Rom eintraf. Sein Chef fand diese Geschichte toll. Die Idee mit der Bootsbrücke war Lucius' Karriere ausgesprochen förderlich, der Gründer der Messina-Brücken-Religion wurde später Pontifex Maximus, höchster Wächter des altrömischen Götterkultes. Wörtlich übersetzt heißt der Titel: Oberster Brückenbauer. Heute trägt ihn der Papst. Aber aus dem Brückenprojekt hält der sich lieber raus.

Den Brückentraum träumte Karl der Große, und als 1091 die Normannen Sizilien eroberten, da träumten sie ihn auch. Achthundert Jahre später war der Brückentraum das erste Projekt des neuen Königreichs Italien. 1870 beauftragte die Regierung die Ingenieure Alfredo Cottrau und Carlo Navone mit Plänen für eine Brücke oder einen Tunnel in der Meerenge von Messina. Der Abgeordnete Giuseppe Zanardelli aus dem norditalienischen Brescia, der später zum Premierminister aufstieg, prägte den Spruch: »Ob über den Wogen oder unter den Wogen – Sizilien muss mit dem Kontinent verbunden werden.«

Der markige Minister Matteoli nennt das »continuità del territorio«. Kontinuität des Territoriums. »An der Brücke werden wir gemessen«, knurrt er, es klingt beschwörend. »Die Leute haben uns auch deswegen gewählt. Wenn wir die Brücke nicht bauen, bedeutet das für uns: Scheitern.« Die Rechte ist angetreten, Wir-sind-wieder-wer-Träume zu erfüllen. Und der Traum, Sizilien an den Kontinent anzubinden, ist die einzige Vision, die Italien noch zusammenhält. Wenn man das schafft, dann hat man es allen anderen gezeigt. Dann ist man wieder ganz vorn. Wir haben Leonardo hervorgebracht, Raffael und Michelangelo, sagen Matteoli und seine Leute. Da werden wir wohl auch noch diese Brücke schaffen, wäre doch gelacht. Dem genius italicus, dem Genie im Italiener, soll zwischen Skylla und Charybdis ein Denkmal gesetzt werden.

Das Problem ist nur: Wie soll man hingelangen zur tollsten Brücke der Welt? Über die Autobahn, klar. Aber das sagt sich so leicht. Von Rom bis Reggio di Calabria sind es gut 700 Kilometer, und davon sind nur die ersten 300 so, wie man sich eine Autobahn in Europa vorstellt. Nach Salerno muss man keine Maut mehr bezahlen und erlebt eine Irrfahrt durch Baustellen, Baustellen, Baustellen. Die Durchschnittsgeschwindigkeit bis Reggio liegt bei exakt 77 Stundenkilometern, allerdings ist die Landschaft spektakulär. So spektakulär, dass man kaum darauf achtet, wie leer die Baustellen auf dem letzten Streckenabschnitt sind. Kein Arbeiter weit und breit.

Die Salerno-Reggio ist Italiens berüchtigtste Straße. Seit mehr als vierzig Jahren wird an ihr gebaut, ein Ende ist nicht abzusehen. In diesem Teil des Landes herrscht die kalabrische Mafiaorganisation 'Ndrangheta, sie gilt als eines der mächtigsten und brutalsten Verbrechersyndikate der Welt. Auf ihr Konto gehen die sechs Toten von Duisburg im August 2007. Von allen italienischen Mafiaorganisationen hat die 'Ndrangheta den größten Umsatz und die wenigsten Aussteiger.

Die Baustellen auf der Autobahn zu kontrollieren ist für sie ein Kinderspiel. Es sind Baustellen am Ende der Welt, in einer Gegend, die von Gott und den Menschen vergessen ist. So abgelegen und unzugänglich, dass sich die 'Ndrangheta hier über Jahrzehnte nahezu ungestört ausbreiten konnte, ohne dass man in Rom von ihr Notiz nahm. Die Paten Kalabriens haben jetzt kein gesteigertes Interesse daran, dass ihr Herrschaftsgebiet plötzlich für alle zugänglich wird. Andererseits bringen nur Baustellen, die jahrzehntelang geöffnet sind, richtig Geld. Also haben sich Strohmänner der Bosse die Aufträge für den Autobahnausbau an Land gezogen. Wenn sie auffliegen und enttarnt werden, lässt der Richter ihre Baustelle schließen. Und dann findet sich kein Nachfolger. Wer will schon einen Auftrag übernehmen, der der 'Ndrangheta abgenommen wurde? Das kann sehr teuer werden. Und sehr gefährlich. Im wöchentlichen Rhythmus werden auf die verwaisten Baustellen der A3 Anschläge verübt – einfach um zu zeigen, wer in diesem Teil Europas das Sagen hat.

An einem Mittwoch im Oktober fahren auf der Strecke zwischen Salerno und dem Fährhafen von Villa San Giovanni genau 72 Lastwagen. Zweiundsiebzig. Nicht alle wollen weiter nach Sizilien. Muss man für sie eine Brücke bauen? Oder für wen sonst? Für Touristen aus dem Norden? Die fliegen lieber, das geht schneller und ist billiger und sicherer. Wem auf der A3 im Niemandsland zwischen den Baustellen ein Reifen platzt, der kann nur noch beten.

Von San Giovanni geht die Fähre pünktlich ab. Das Schiff ist heruntergekommen, aber ehe man das merkt, ist man schon in Messina.

Aber die wenigsten bleiben hier. Messina ist ein Ort, den alle passieren müssen auf dem Weg nach Sizilien, doch kaum jemand kommt hier an, in einer Stadt, die chaotisch ist, aber nicht lebendig erscheint. Eine Stadt, die nicht schön ist und nicht hässlich. Die kein echtes Zentrum hat, sondern nur Schachbrettstraßen, die an ihren Rändern wuchert und ausfranst, die keinen Anfang hat und kein Ende. Eine Stadt ohne Identität.

Zwei Dinge verbindet man in Italien mit Messina.

Das Erdbeben und die Brücke. Die Jahrhundertkatastrophe und das Jahrhundertprojekt. Das Erdbeben war, die Brücke soll sein. Vergangenheit und Zukunft. Ganz so, als wäre Messina eine Stadt ohne Gegenwart.

Am 28. Dezember 1908 um 05:21 Uhr erbebte die Region um die Straße von Messina für 37 Sekunden. 95 000 Menschen starben, die Städte Messina und Reggio di Calabria wurden nahezu völlig zerstört. Das Beben hatte eine Stärke von 7,2 auf der Richterskala, ihm folgte ein Tsunami. Hundert Jahre ist das her – und noch nicht vorbei. Nicht in Messina, nicht im Viertel der Annunziata, das eigentlich gar kein Viertel ist, sondern eine Ansammlung ärmlicher Hütten. Diese Baracken wurden als Notunterkünfte für die Obdachlosen nach dem großen Beben gebaut und sind heute noch bewohnt.

Ihr ganzes Leben hat Concetta Albano in einer Hütte verbracht, in die einst ihre Eltern als Überlebende der Katastrophe gezogen waren. Ein dunkler, schimmliger Verschlag, ohne fließendes Wasser, mit brüchigen Decken. Es gibt einen Fernseher, es gibt ein Telefon, aber es ist keine Wohnung. Ihre Habe bewahrt die Greisin in großen Plastiksäcken auf, waschen muss sie sich draußen, an der Pumpe. Es ist ein Leben wie in der Steinzeit, dabei soll doch nebenan ein Wunder moderner Bautechnologie geschaffen werden.

Ein Symbol von Italiens Macht und Größe soll die Favelas von Messina überspannen. So wollen die Politiker ihren Traum von Grandezza verwirklichen, den sie weit weg träumen, in Rom. Hier ist die Realität, und die hat den stumpfen Blick von Concetta Albano. Sie will keine Brücke. Sie will eine Wohnung, wenigstens am Ende ihres

Lebens. Die Sizilianerin Albano will in einer Wohnung sterben, das ist ihr Traum. Er hat keine Größe und keine Vision, er dreht sich um zwei Zimmer, Küche, Bad. Achtzig Jahre ist sie alt, eine grobknochige Frau mit dick geschwollenen Füßen am Ende ihres Weges. »Versprochen haben sie es oft, dass ich umziehen kann. Aber ich bin immer noch hier.«

Es gibt in dieser Hütte, am äußersten Rand Italiens, eine kleine Hoffnung, zusammengekehrt in einer schmutzigen, schimmeligen Ecke. Und mit jedem Tag, der vergeht, mit jedem Tag, der die Pläne der Brückenbauer noch größer und teurer macht, wird diese Hoffnung billiger und kleiner.

In Messina leben 5000 Familien in Baracken. Die ältesten Hütten stammen aus der Zeit nach dem Erdbeben, andere wurden nach den Bombardierungen des Zweiten Weltkriegs errichtet, haben Wellblechdächer oder Dächer aus Asbestzement. Die Barackenviertel von Messina sind ein unauffälliger Teil der Stadtlandschaft geworden, man könnte sie für etwas schlampig hochgezogene Garagen, kleine Werkstätten halten, für Gartenhäuschen, wenn es hier Schrebergärten gäbe. Vor manchen dieser Elendshütten stehen tatsächlich Blumenkübel. Und weil die Baracken so unauffällig sind, weil sogar Blumen davorstehen und manchmal ein Auto, hat man sie eben vergessen. Genau wie die Menschen, die in ihnen wohnen.

Das Erdbeben darf man nicht vergessen, denn es kann wiederkommen. Die Gegend um Messina ist zona rossa, rote Zone, eines der hoch gefährdeten Gebiete der Erde. Die Brückenbefürworter haben auf die Frage nach der Erdbebengefahr eine prompte Antwort, sie lautet: Japan. Bei Kobe steht die Akashi-Kaikyo-Hängebrücke, ihre Pfeiler sind 298 Meter hoch. In Kobe gab es am 17. Januar

1995 ein verheerendes Erdbeben, das Epizentrum lag etwa zwei Kilometer östlich des Südturms. Die beiden Brückentürme wurden durch das Beben einen Meter weiter auseinandergeschoben. Das war's. Die Brücke von Kobe soll das Modell sein für Messina.

Es gibt aber eine Menge Menschen in Messina, die das nicht überzeugt. Zu ihnen gehört der Ökonom Guido Signorino. Um zu Professor Signorino zu gelangen, muss man durch ein voll besetztes Wartezimmer in der wirtschaftswissenschaftlichen Fakultät. Signorino hat schwarze Augen, einen giftgrünen Pullover, eine sanfte Stimme mit dem schweren sizilianischen Akzent. Er sagt: »Für Messina wäre die Brücke ja viel schlimmer als das Erdbeben.« Nach dem Erdbeben könnte man wiederaufbauen, die Brücke aber würde alles blockieren. Für wer weiß wie lange.

Der Professor lehrt Regionale Ökonomie, eine Wissenschaft von Mangel, Benachteiligung und Stillstand. Sizilien ist die ärmste Region Italiens. Noch nicht einmal die Hälfte der erwachsenen Bevölkerung arbeitet, fast 28 Prozent der Sizilianer sind arm. Sizilien hat die wenigsten Akademiker und die meisten Vollinvaliden, die wenigsten Zeitungsleser, die unzuverlässigsten Krankenhäuser und nur ein Unternehmen von Weltruf – die Mafiaorganisation Cosa Nostra. An alldem würde die Brücke nichts ändern, glaubt Signorino. »Wie denn auch? Wir würden mit Kalabrien verbunden, einer Region, die genauso arm ist und ebenfalls im Würgegriff einer Mafiaorganisation: der 'Ndrangheta.«

Es klinge paradox, aber: Die Brücke könne schädlich sein für Siziliens Wirtschaft. Denn Sizilien sei ja schon weiter als die Brücke.

»Weil wir so schlechte Straßen und Schienen haben, nutzen wir unsere Häfen. Und das klappt hervorragend. Die Brücke aber würde den Warenverkehr wieder auf die Straße legen. Das würde bedeuten: Rückbau der Häfen. Rückschritt. Denn die Brücke könnte sich nur rentieren, wenn sie für den Warenverkehr genutzt würde.«

Welche Waren? Orangen, Zitronen, Wein, das produziert Sizilien. Und Pasta, Kapern, Kaktusfeigen. Muss man dafür eine Straße zum Festland bauen? Die Planer sagen: Über die Brücke sollen 6000 Fahrzeuge pro Stunde und 200 Züge am Tag fahren – ein solches Verkehrsaufkommen hat es an der Meerenge noch nie gegeben.

Für Professor Signorino ist das Jahrhundertprojekt eine Kathedrale in der Wüste. Logischer sei es, erst die maroden Verkehrswege auf der Insel zu modernisieren. Logischer sei es, auf das zu setzen, was Sizilien schon zu bieten habe: Die Küsten, das Meer, den Ätna. Griechische Tempel, römische Theater, normannische Kirchen.

»Die Touristen kommen nicht zu uns, um eine Brücke zu sehen, wie sie überall auf der Welt stehen könnte. Wir müssen unsere Ressourcen endlich nutzen, anstatt Luftschlösser zu bauen. Leere Versprechungen sind das Letzte, was Sizilien benötigt.«

Die Gewerkschafter sind gegen die Brücke, weil sie das Ende des Hafens bedeutet. Die Umweltschützer sind gegen die Brücke, weil sie das Ökosystem in der Meerenge durcheinanderbringt. Die Antimafia-Initiativen sind gegen die Brücke, weil sie argwöhnen, die Cosa Nostra würde allein am Abtransport der Bauerde verdienen, 4,2 Millionen Kubikmeter in Sizilien und 3,9 Millionen in Kalabrien. Die Staatsanwälte in Messina haben bereits 4000 sizilianische Firmen und 2500 kalabrische

Betriebe geprüft, alles Unternehmen, die bei dem Groß-
projekt einsteigen wollten. Betriebe, die das Material für
die Stahlkabel liefern könnten, an denen die Brücke hängen wird. Oder den Zement für die Fundamente. Die die
Werkskantinen für die Bauarbeiter betreiben wollen, die
Unterkünfte für die Facharbeiter oder das geplante Ein-
kaufszentrum für die Brückenleute. Die Maschinerie ist
längst in Gang gekommen. Aber von der Brücke ist nichts
zu sehen.

»Wenn die Mafia in der Lage wäre, die Brücke zu
bauen, wäre sie willkommen«, hat der Sizilianer Nino
Calarco gesagt, als er noch Präsident der Brückenbaugesellschaft war. Nach diesem Satz musste Calarco zu-
rücktreten. Das war im Jahr 2002. Calarco, seit 1968 Chefredakteur von Messinas größter Zeitung *Gazzetta del
Sud*, war seit 1987 oberster Brückenbauer. In dieser Zeit
wurden 75 Millionen Euro für das Brückenprojekt aus-
gegeben. 75 Millionen Euro für das größte Luftschloss
der Welt.

Im Buchladen »Hobelix« an der Via dei Verdi hängt ein
großes Spruchband. »No Ponte« steht darauf, Nein zur
Brücke. Der Buchhändler Salvo Trimarchi, ein hochgewachsener, schmaler Mann mit grauen Strähnen im
dunklen Haar, hat das Spruchband mitten in sein Geschäft gehängt, über die Regale und die Stapel mit Erd-
bebenliteratur, mit Bildbänden Messinas vorher und
nachher, mit Essays über die Hände der Mafia auf der
Stadt. Trimarchi hat klassische Musik aufgelegt, ein Flö-
tenkonzert von Vivaldi. Er wird es übertönen, er regt sich
auf.

»Die Brücke ist schädlich! Die Brücke ist nutzlos. Und
wie soll man sie in sechs Jahren bauen, wenn man fünf-

zehn Jahre für das Fußballstadion hier gebraucht hat? Und vierzig Jahre für die Autobahn nach Palermo?«

Und dann entwirft der Buchhändler Trimarchi aus Messina ein Horrorszenario.

»Alles werden sie aufreißen, überall werden sie buddeln. Neue Bahngleise, ein neuer Bahnhof, neue Straßen. Und Tunnel, jede Menge Tunnel. Es wird das Ende sein für Messina. Sie ahnen ja nicht, was das heißt: bauen und buddeln in Messina. Dreitausend Jahre liegen unter diesen Straßen. Wenn das erste Loch gegraben ist, kommt die Archäologiebehörde und sagt: Schluss, aus, Stopp! Unterbrechung für Jahre, vielleicht sogar Jahrzehnte.«

Die Brücke ist ein Luftschloss. Aber alle reden über sie. Solange sie nicht da ist, hält sie Messina jedenfalls am Leben. »Weil wir träumen dürfen«, widerspricht dem Buchhändler Trimarchi ein Kunde. »Wir träumen davon, endlich zu Italien zu gehören. Mit der Brücke würde der italienische Staat ein Zeichen setzen. Dass er auch für uns da ist. Dass er Sizilien haben will.«

Der italienische Staat hat das Gesicht von Pietro Ciucci. Ein breites, joviales Gesicht, perfekt gebräunt und eingerahmt von schütteren weißen Haaren. Der Römer Ciucci ist Staatsmanager, er ist Direktor der italienischen Straßenbaugesellschaft und Chef der Brückenbaugesellschaft »Società Stretto di Messina«. Ciucci ist also für die Autobahn nach Reggio di Calabria genauso zuständig wie für die Brücke von Messina. Beides kommt nicht so recht voran. Pietro Ciucci ist Italiens oberster Luftschlösserbauer, er ist der führende Stratege in der gigantischsten Parallelaktion der Nachkriegszeit. Die Parallelaktion soll Italien von Norden bis Süden verbinden und das Inseldasein Siziliens beenden, sie soll das Armenhaus Mezzogiorno in Europa erstrahlen lassen und die Dunkelmänner der Mafia endgültig zum Rückzug hinter die kahlen Berge Kalabriens zwingen.

Jedes Jahr kostet die »Società Stretto di Messina« die italienischen Steuerzahler Millionen. Die Führungsetage und die Sekretärinnen, der Pressesprecher und der Presidente. Und natürlich die Büroräume in der Villa Borghese in Rom. Die römische Adresse ist als Einzige übrig geblieben, nachdem die Mitte-Links-Regierung von Romano Prodi die beiden Büros in Messina und Villa San Giovanni geschlossen hatte. Damals besaß die Brückengesellschaft etwas über 100 Mitarbeiter und 13 Manager, allein der Verwaltungsrat kostete den Steuerzahler jährlich um die 1,6 Millionen Euro. Prodi selbst wollte auch das Büro in Rom schließen, dieses Vorhaben scheiterte aber, weil einer der Koalitionspartner dagegen war: Lieber eine Büromiete und ein paar Gehälter zahlen, als 240 Millionen Bußgeld an die Auftragsgewinner, wenn mit der Auflösung der »Società Stretto« öffentlich das ganze Projekt begraben würde. Es ist nämlich so, dass die Bauaufträge für die Brücke schon lange vergeben sind. Aber deshalb wird noch lange nicht gebaut.

Pietro Ciucci hat auf jede Frage eine Antwort, dafür wird er schließlich bezahlt. Sein Ton ist freundlich-nachsichtig, alle Argumente sind längst ausgetauscht, aber bitte: Wo es verlangt wird und der Sache dienlich ist, schaltet er sein Hirn auf Automatik und erklärt noch mal von vorn.

»Ich habe einen Master in Mafia gemacht«, sagt Ciucci, das soll heißen: Er ist ein Mafiaexperte. Es stimme, dass die 'Ndrangheta die Arbeiten auf der Autobahn

behindere. Aber ihre Anschläge und Einschüchterungs-
versuche seien ein positives Zeichen, »Beweis dafür, dass
unsere Kontrollen funktionieren und die Bosse draußen
bleiben«. Sämtliche Baustellen würden peinlich genau
kontrolliert, allwöchentlich würden den zuständigen
Polizeichefs Listen mit allen Arbeitern und den Kenn-
zeichen aller Baufahrzeuge übergeben.

Die Mafia nicht an die Brücke zu lassen, das sei erst
recht einfach.

»Wir werden die Baustelle mit Satelliten überwachen.
Es handelt sich um eine sehr begrenzte Zone.« Satelliten
gegen die Mafia. Positive Anschläge: Nach einer Stunde
bei Ciucci sieht die Welt ganz anders aus.

Er wirft Zahlen in den Raum: 2012 für die Fertigstellung der Autobahn. 2015, spätestens 2016, für die Brücke.
Zahlen kosten nichts. Sechs Milliarden Euro sind für
die Jahrhundertbrücke von Messina veranschlagt, 700
Millionen für die Enteignung der Brücken-Grundstücks-
besitzer in Sizilien und Kalabrien. Bis es so weit ist, wird
Italien weiterträumen. Aus seinem Garten in Ganzirri
wird Emilio De Domenico noch viele hundert Male auf
jenes tintenblaue Mythenmeer schauen, das ihm Heimat
ist, Lebensbegleiter und Forschungsobjekt. Und dann
wird er noch einen Granatapfelbaum pflanzen.

Anhang

ABC des Berlusconismus

Apicella, Mariano – Jahrgang 1962, Neapolitaner. Arbeitete in einem Restaurant in Abu Dhabi, wo jedoch niemand von ihm Notiz nahm. Wurde dann bekannt als Silvio Berlusconis liebste Begleitung – auf der Gitarre. 2003 nahm er zusammen mit Berlusconi die CD »Meglio 'na canzone« (Besser ein Lied) auf, sie wird 45 000-mal verkauft. Berlusconi schreibt für Apicella die Lieder, manchmal singt er auch selbst, merkwürdigerweise auf Neapolitanisch, obwohl er selbst doch aus Mailand stammt. 2006 folgte die nächste CD »L'ultimo amore« (Die letzte Liebe), mit dem Song »Rumba-Zeit«, daraus folgende Kostprobe: »Rumba-Zeit, Korallensterne auf der Weste ... Ventilatoren ... die Kälte auf mir ... ich warte auf dich.« Reine Poesie. Berlusconis Minnesänger singt vor Staatsgästen und unbekannten Schönen. Seine Memoiren könnten ihm hundertmal so viel einbringen wie seine banalen CDs. Aber Apicella bleibt diskret.

Berlusconi, Silvio – Jahrgang 1936, Mailänder. Riesen-B, Symbolfigur und Führer des nach ihm benannten Berlusconismus, wahrscheinlich aber nicht dessen einziger Erfinder. Arbeitete auf einem Kreuzfahrtschiff auf dem Mittelmeer, wo jedoch kaum jemand von ihm Notiz nahm. Schloss nach Besuch einer Privatschule des Salesianer-Ordens ein Jurastudium ab, weswegen er sich von Freunden und Mitarbeitern später mit »Dottore«

anreden ließ. Noch später Mitglied der Geheimloge P2, Bauunternehmer, Fußballpräsident (seit 1986 Besitzer des AC Mailand), Konzerneigner der Fininvest (Versicherungen, zeitweise
die Kaufhauskette Standa, das Fernsehunternehmen Mediaset)
und Verleger (Mondadori, Einaudi, der Kunstbuchverlag Electa,
Sperling & Kupfer) sowie Filmproduzent und -verleiher und
Kinobesitzer (Medusa Film).

Seit Ende 1993 Politiker, zunächst Führer von Forza Italia, dann von »Haus der Freiheit« und »Freiheitspol«, schließlich des »Freiheitsvolks«. Seine Partei (die ihren Vorsitzenden
nie gewählt hat) ist rechtspopulistisch, antikommunistisch, aber
nicht wirtschaftsliberal. Berlusconi ist Ministerpräsident 1994–
1995, 2001–2006, seit 2008.

Zwei gescheiterte Ehen mit insgesamt fünf Kindern, die allesamt für den Fininvest-Konzern arbeiten, an dem sie auch be-
teiligt sind. Mit angeblich 9,4 Milliarden Dollar Privatvermögen
(geschätzt von Forbes) einer der reichsten Männer der Welt.

Casini, Pierferdinando – Jahrgang 1955, Bologneser, Jurist. Der
Mann des Ausgleichs und der Mitte, Prototyp des italienischen
Christdemokraten, Chef der UDC (Zentrumsunion). War mit
Berlusconi verbündet und von 2001 bis 2006 Präsident der Abgeordnetenkammer, bevor er sich von Berlusconi lossagte und in
die Opposition wechselte. Auch dort bleibt er ein Meister der
verhaltenen Kritik, den vehementen Antiberlusconismus über-
lässt der smarte C. gern anderen. Unbeirrbar vertritt er die Po-
sitionen des Vatikans in der Familienpolitik und der Bioethik.
Geschieden und in zweiter Ehe mit der Verlegerin Azzurra Cal-
tagirone (»Il Messaggero«, »Il Mattino«) verheiratet, der schwer-
reichen Erbin eines römischen Bauunternehmers, gehört C. zu
den einflussreichsten Kreisen der Hauptstadt. Man geht davon
aus, dass aus ihm noch einmal richtig etwas wird – das allerdings
schon ziemlich lange.

Di Pietro, Antonio – Jahrgang 1950, aus Molise. Zunächst Elektriker, dann Metallarbeiter in Deutschland, später Polizist und schließlich Italiens berühmtester Staatsanwalt. Symbolfigur der Antikorruptionsoperation »Mani Pulite« (Saubere Hände), die Anfang der 1990er Jahre zu massenweisen Ermittlungen gegen Politiker und Unternehmer und schließlich zur Auflösung der Democrazia Cristiana Giulio Andreottis und der Sozialistischen Partei Bettino Craxis führt. Damals erklärt D. P., dass die »Korruptionssteuer«, die Politiker von Unternehmern für die Vergabe von öffentlichen Aufträgen erhoben, zur Normalität geworden sei. D. P. nennt diese Abgabe »Umweltsteuer«. Bekannt und umstritten wird er durch das Verhör des früheren Ministerpräsidenten Bettino Craxi, in dem dieser D. P.s These bestätigt, alle Parteien hätten sich an Bestechungsgeldern bereichert. Craxi (1934–2000) setzt sich auf der Flucht vor der italienischen Justiz nach Tunesien ab, wo er bis zu seinem Tod lebt. Craxis enger Freund Berlusconi rehabilitiert den Justizflüchtling posthum und stellt ihn als Opfer der Staatsanwälte dar.

D. P. ermittelt gemeinsam mit seinen Kollegen auch gegen Berlusconis Konzern Fininvest, bevor er Ende 1994 überraschend seinen Dienst als Staatsanwalt quittiert. Zu diesem Zeitpunkt war D. P. bereits überraschend von Berlusconi das Amt des Innenministers angeboten worden, was D. P. jedoch ablehnt. Stattdessen wird er 1996 Minister für Öffentliche Arbeiten der Mitte-Links-Regierung von Romano Prodi. 1998 gründet D. P. seine eigene Partei IdV (»Italien der Werte«), die ganz auf ihren Führer zugeschnitten ist. Sich selbst bezeichnet D. P. als katholisch geprägten Mann der Mitte. D. P. wird Abgeordneter des Europaparlaments und 2006 Infrastrukturminister, erneut unter Romano Prodi.

Er gilt als einer von Berlusconis schärfsten Kritikern, jedoch kann D. P. mit seiner 4-Prozent-Partei keinen Führungsanspruch in der Opposition erheben. Seine Partei IdV ist im Übrigen ähnlich wie Berlusconis »Freiheitsvolk« autoritär geführt. D. P. ist ein Anti-Berlusconi, eine Alternative ist er nicht.

Escort – Seit den Enthüllungen der Prostituierten Patrizia D'Addario über ihre Nächte mit Silvio Berlusconi allgemein gebräuchlicher Begriff für käufliche Frauen. E. löst im italienischen Sprachgebrauch alle anderen Bezeichnungen für »Prostituierte« ab, weil es englisch ist und deshalb eleganter klingt. Professionell eben.

Fini, Gianfranco – Jahrgang 1952, Bologneser. Pädagoge und Journalist. Symbolgestalt der Spätphase des Berlusconismus, wandelt sich vom engsten Verbündeten der ersten Stunde zum Kronprinzen, dann aus Furcht vor dem »Prinz-Charles-Syndrom« zum erbittertsten Herausforderer Berlusconis. Vormals überzeugter Neofaschist, dann Postfaschist, schließlich Antifaschist. Aus einer faschistischen Familie im traditionell linken Bologna stammend (benannt wurde Gianfranco nach einem von der antifaschistischen Resistenza getöteten Cousin), wurde F. zunächst Sekretär der neofaschistischen »Jugendfront« und später der Mutterpartei »Sozialbewegung« (MSI), die als klar neofaschistische Partei als einzige aus dem so genannten italienischen »Verfassungsbogen« ausgeschlossen war.

1994 verbündet er sich mit Silvio Berlusconi, nach dem gemeinsamen Wahlsieg gehören vier Parteigänger des MSI der Regierung an. Erstmals seit Ende des Zweiten Weltkriegs sind damit in Italien die Erben Mussolinis (den F. als »einen der größten Staatsmänner des Jahrhunderts« bezeichnet) an der Macht. Amtskollegen in Belgien und Griechenland weigern sich, den neofaschistischen Ministern die Hand zu geben. 1995 gründet F. die neue Partei AN (»Nationale Allianz«), die sich eindeutig vom Faschismus distanziert. Am rechten Rand splittert die neofaschistische »Fiamma Tricolore« ab.

F. beginnt nun den langsamen Marsch in die politische Mitte. Von 2001 bis 2006 wird er stellvertretender Ministerpräsident und übernimmt ab November 2004 das Amt des Außenministers. Besonders in dieser Position erwirbt er sich in Europa und in Israel, das er mehrmals besucht, Anerkennung und Respekt.

Während einer Israel-Reise verurteilt er die faschistischen »Rassegesetze« als das »absolut Böse«, was zur Abspaltung des ultrarechten Flügels seiner Partei führt, der sich zu »La Destra« (Die Rechte) formiert.

In der Folgezeit vertritt F. liberalere Positionen als der Rest seiner Partei, etwa in Fragen des Ausländerwahlrechts, der Homosexuellenehe und der künstlichen Befruchtung. Nach dem Wahlsieg 2008 wird er Präsident der Abgeordnetenkammer und damit dritter Mann im Staat. Trotz immer offenkundiger Differenzen mit Berlusconi willigt F. im Frühjahr 2009 in die Fusion der AN mit der Berlusconi-Partei zum »Volk der Freiheit« ein. Er wird Stellvertreter – hinter Berlusconi natürlich –, aber der Schulterschluss hält nur wenige Monate. Bald streiten sich F. und Berlusconi um Geld, weil das »Freiheitsvolk« auch die nicht ganz unbedeutende ökonomische Hinterlassenschaft der AN für sich beansprucht. Vor allem streiten sich die beiden Parteiführer um die Macht, als F. klar wird, dass Berlusconi überhaupt nicht daran denkt, in absehbarer Zeit seinen Platz für den Jüngeren zu räumen. F. fühlt sich als »überparteilicher« Kammerpräsident politisch kaltgestellt und gründet die Stiftung »Fare Futuro« (Zukunft gestalten), die immer weiter in Opposition zur Regierung Berlusconis und vor allem zu Berlusconis Person rückt.

Als es zum offenen Konflikt zwischen F. und Berlusconi kommt, drängt Berlusconi den Stellvertreter im Juli 2010 schließlich aus der Partei. F. gründet daraufhin eine eigene Fraktion namens »Futuro e Libertà per l'Italia«, FLI (Zukunft und Freiheit für Italien). Mit der Unterstützung eines Misstrauensvotums gegen Berlusconi am 14. Dezember 2010 scheren F. und seine FLI endgültig aus der Regierungskoalition aus und bekennen sich zur Opposition. Allerdings stimmen drei Abgeordnete von FLI wieder für Berlusconi, der das Misstrauensvotum übersteht.

Guzzanti, Paolo – Jahrgang 1940, Römer, und Grillo, Beppe – Jahrgang 1948, Genueser, beide typische Stehaufmännchen des Berlusconismus. Guzzanti wurde als Journalist bei der linken

Tageszeitung *La Repubblica* populär, bevor er für die Sozialistische Partei, den »Patto Segni« und schließlich Berlusconis »Forza
Italia« ins Parlament zog. Gleichzeitig wechselte Guzzanti zur
Tageszeitung *Il Giornale* mit Berlusconis Bruder Paolo als Verleger und brachte es hier bis zum stellvertretenden Chefredakteur. Seine Attacken gegen die Linke waren nun an Bissigkeit
kaum zu überbieten – die schärfsten Kritiker der Elche waren
eben früher selber welche. Interessanterweise arbeiten die drei
Kinder aus Guzzantis erster Ehe allesamt als Komiker, wobei
Sabina Guzzanti und Corrado Guzzanti als erstklassige Satiriker
des Berlusconismus auch außerhalb Italiens bekannt wurden.
Ihr Vater hat auch noch drei Kinder aus zweiter Ehe mit den
Namen: Liv Liberty, Lars Lincoln und Liam Lexington. Aber
das tut hier nichts zur Sache.

Als Präsident einer parlamentarischen Untersuchungskom-
mission versuchte Paolo Guzzanti die Rolle des sowjetischen
Geheimdienstes KGB in Italien zu erhellen, das Ergebnis ist
reichlich verworren.

2008 sagt sich Guzzanti mit dieser Begründung von Berlusconi los: »Berlusconi hat sich selbst übertroffen, indem er den ge-
orgischen Präsidenten Mikheil Saakashvili mit Saddam Hussein
verglichen hat. Ich musste kotzen.« Anfang 2009 verlässt Guzzanti das »Freiheitsvolk« und schließt sich der winzigen Liberalen
Partei an, deren stellvertretender Vorsitzender er prompt wird.

Beppe Grillo hingegen arbeitete als Komiker für das Staatsfernsehen RAI, bis er am 15. November 1986 diesen Witz über
Bettino Craxi und dessen Sozialistische Partei erzählte: »Bei
einem Abendessen der Vertreter der Sozialistischen Partei in
China wendet sich Craxis Stellvertreter an den Parteivorsitzen-
den und fragt ihn: Bettino, stimmt es, dass es eine Milliarde Chinesen gibt, und alle sind Sozialisten? Craxi antwortet kauend:
Ja, wieso? Das sagt der Stellvertreter: Wenn hier alle Sozialisten
sind, wen können sie dann bestehlen?«

Der Witz kurz vor der Explosion der Korruptionsaffären, die
zur Auflösung der Sozialistischen Partei führten, kostete Grillo
den Job. Die von den Sozialisten mitkontrollierte RAI erklärte

ihn zur persona non grata. Grillo arbeitete fortan als Kinoschau-spieler. Nach Craxis Sturz engagiert ihn die RAI erneut und erzielt mit seinen Shows Rekordeinschaltquoten.

Doch Grillo fühlt sich zu Höherem berufen, der Komiker will Politik machen. Er hält in den Theatern des Landes stunden-lange Monologe, in denen er die Volksvertreter geißelt, dabei ist seine Zielscheibe nicht nur Berlusconi, sondern auch die Op-position. Er eröffnet ein Blog, das bald zu den meistgeklickten der Welt gehört. Grillo organisiert politische Happenings, so genannte »Leck-mich-am-Arsch-Tage«, schließlich gründet er im März 2009 so genannte Bürgerlisten, aus denen im Ok-tober 2009 die »Bewegung der fünf Sterne« wird. Unterdessen hatte der Berufsprovokateur mit dem Hang zum Vulgären ver-sucht, an den Vorwahlen der größten Oppositionspartei Partito Democratico teilzunehmen, doch war ihm dies von der Par-teiführung verwehrt worden. 2010 nimmt die »Bewegung der fünf Sterne« in vier Regionen an den Regionalwahlen teil. Ihre Kandidaten erzielen in Emilia Romagna sensationelle sieben Prozent, in Piemont knapp vier Prozent sowie in Venetien und in der Lombardei gut drei Prozent. Damit hat Grillo bewiesen, wie leicht es in Berlusconien ist, ohne eindeutige politische Po-sitionen oder ein nachvollziehbares Programm Wählerstimmen zu fangen – öffentliche Aufmerksamkeit und ein paar »Leck-mich-am-Arsch«-Happenings reichen aus. Ende 2010 sind die »Fünf-Sterne-Listen« in Italien flächendeckend geworden, die angebliche Bürgerbewegung funktioniert nach einem ähnlichen Führerprinzip wie das »Freiheitsvolk«, nur dass hier der Chef-charismatiker tatsächlich von Beruf Komiker ist. Dass Grillo damit seine eigene Theorie von Berlusconis erdrückender Me-dienmacht und der damit einhergehenden Wählermanipulation ad absurdum führt, interessiert ihn nicht die Bohne.

Hostess – Seit den häufigen Besuchen von Oberst Moamar al-Gaddhafi bei seinem Freund Silvio Berlusconi in Rom wieder in aller Munde und auf gar keinen Fall mit Escort zu verwechseln. Die H. müssen mindestens 170 Zentimeter groß und dezent gekleidet sein, um dem großen Mann aus Libyen als williges Publikum für seine endlosen Monologe über den Islam und die Welt zur Verfügung zu stehen. Sie sind sämtlich Italienerinnen, werden über die professionelle Agentur »Hostessweb« vermittelt und bekommen neben dem ganz sicheren Gotteslohn pro Gaddhafi-Veranstaltung angeblich 75 Euro und ein grünes Buch ohne Autogramm. Allerdings nur, wenn sie nicht über die Koranstunden reden. Mindestens eine von über 700 angemieteten H. soll nach ein paar Stunden mit Gaddhafi zum Islam konvertiert sein. Die üblichen Oppositionspolitiker kritisieren die H.-Bewegung in Richtung Revolutionsführer als »Demütigung aller Italienerinnen« und Verrat an der italienischen Frauenbewegung. Ja, irgendwo soll man doch anfangen mit der Völkerverständigung, oder? Ein bisschen Zuhören hat schließlich noch keiner geschadet.

Interessenkonflikt – Gern von Berlusconis politischen Gegnern bemühtes Missverständnis. Es wird behauptet, Berlusconi befinde sich in I. zwischen seinem politischen Amt als Regierungschef und seiner Aktivität als Großverleger und Fernsehunternehmer. Das ist natürlich barer Unsinn angesichts der Tatsache, dass Berlusconi von jeher überall und in allen Ämtern immer nur seine eigenen Interessen verfolgt und deswegen überhaupt keine I. kennen kann. Ein I. bestünde allenfalls, wenn Berlusconi sich neben seinem Fußballklub AC Mailand auch noch Juventus Turin zulegen würde oder falls er neben seinem Amt als Ministerpräsident Italiens auch noch das des Papstes ausüben sollte. Ein dritter I. wäre denkbar, falls Berlusconi das Verfassungsgericht kapern würde. Die Chancen auf die Realisierung dieser I. sind allerdings relativ gering.

Jugend – Einer der genialsten Kulturschaffenden in Berlusconien ist Roberto D'Agostino (Rom 1948) mit seiner Website

»Dagospia«, aus der er auch die beiden Fotobände »Cafonal« und »Ultracafonal« entwickelt hat, übrigens beide erschienen in Berlusconis Verlag Mondadori. D'Agostino entlarvt darin die Ästhetik des Berlusconismus als den ebenso egozentrischen wie nihilistischen Jugendwahn der Generation Silvio Berlusconi, Männer und Frauen im Rentenalter, die mit maskenhaft festgezurrten Gesichtern auf ihrer vorletzten Karussellrunde mitnehmen, was sie kriegen können – als könnten sie damit die Volksweisheit widerlegen, dass das letzte Hemd keine Taschen hat. Beim großen Tanz der Alten auf dem Vulkan einer immensen Staatsverschuldung – und der proportional wachsenden Arbeits- und Zukunftslosigkeit der echten Jugend – folgen alle Berlusconis Dogma vom Lifting als »Beweis des Respekts für alle diejenigen, vor denen ich gut aussehen muss«. Nicht von ungefähr holte Berlusconi jene Ärzte in die Politik, die ihm ewige Jugend zusichern, und präsentierte sich ohne einen Anflug von Schamgefühl mit einem Piratenkopftuch über den frisch transplantierten Haaren vor dem Ehepaar Blair aus Britannien. Wie um zu sagen: »Etwas Besseres als einen Glatzkopf kann man überall finden. Und du, Tony, kommst auch noch dran.« Die Verbreitung der Masken in Fernsehen und Gesellschaft Berlusconiens ist unaufhaltsam, selbst Ikonen linker Medienkultur halten Schlauchbootlippen und stramm aufgepolsterte Wangenknochen in die Kamera. In Wirklichkeit ist der Berlusconismus die Diktatur der Schönheitschirurgie – warum sonst sollte im Staatsfernsehen eines europäischen Landes ständig das Für und Wider in Talkshows diskutiert werden? Und das natürlich von denen, die es schon hinter sich haben.

Kommunisten – Zwei Ex-K. sind in der Spätphase des Berlusconismus äußerst präsent – Italiens Staatspräsident Giorgio Napolitano (Neapel 1925) und der russische Staats- und spätere Ministerpräsident Wladimir Putin (damals Leningrad 1952). Der Erste, ein würdiger, etwas pastoraler Herr, der schon zu KPI-Zeiten als Sozialdemokrat galt, wird von Berlusconi immer mal wieder als K. tituliert, weil er es wagt, offen verfassungswidrige Gesetze zu unterschreiben. Der Zweite, immerhin Ex-Agent des KGB, ist Berlusconis persönlicher Freund und liebster Gaslieferant, weswegen er *eo ipso* kein K. sein kann.

K. sind hingegen sämtliche Richter und Staatsanwälte, besonders diejenigen, die sich mit Berlusconi und den Geschäften seines Konzerns befassen. K. sind auch die Journalisten der Auslandspresse, deren römischen Sitz Berlusconi bei seinem letzten Besuch im Jahr 1994 als »Nest von K.« betitelte. Nester von K. sind auch Schulen und Universitäten sowie die RAI und sogar Berlusconis Fernsehen Mediaset, was seine Liberalität als Arbeitgeber beweist. Seinen ersten Wahlkampf bestritt Berlusconi mit der Behauptung, K. fräßen Kinder, in späteren Wahlkämpfen war davon aber nicht mehr die Rede.

Lega Nord – 1989 in Mailand gegründet und damit älteste Partei im italienischen Parlament. Die L.N. hat seit ihrer Gründung stets denselben charismatischen Führer: Umberto Bossi. Rechtspopulistisch, ausländerfeindlich, separatistisch. Mit eigenem »keltischem« Hochzeitsritus und »Taufzeremonie« mit dem Wasser des »Flussgottes« Po. Ihr Phantasiestaat heißt »Padania«, ihr schärfster Wahlslogan: »Die Lega hat ihn härter«. Berlusconis treuer Koalitionspartner, seitdem Bossi das erste Regierungsbündnis 1994 nach wenigen Monaten platzen ließ.

Mafia – Berlusconi verweist stolz darauf, dass unter seiner Regentschaft sehr viele M.-Bosse verhaftet wurden. Was er nicht sagt: Die ständigen Attacken auf die Justiz und die Verwässerung der Abhörgesetze schwächen den Kampf gegen die M. Man könnte also sagen: Der Berlusconismus bekämpft die Bosse, jedoch nicht unbedingt die mafiöse Kultur. Anders ist es kaum zu erklären, dass Berlusconi seinen langjährigen Freund und politischen Weggefährten Marcello Dell'Utri (Palermo 1941) auch nach dessen in zweiter Instanz bestätigter Verurteilung wegen

Begünstigung der M. als Senator im Amt belässt. Während er seinen eigenen (Mondadori)-Autor Roberto Saviano (Neapel 1979) als Nestbeschmutzer beschimpft. Saviano musste nach den Morddrohungen der Camorra nach dem Erfolg seines Erstlingswerks »Gomorrha« in den Untergrund abtauchen. Ein Autor muss von der Bildfläche verschwinden, weil ihn sein Staat andernfalls nicht ausreichend schützen kann – das ist die Realität in Berlusconien. Denn dass in den Regionen Kampanien, Kalabrien und Sizilien die organisierte Kriminalität regiert, bestreitet noch nicht einmal Berlusconi selbst.

Nachfolger – für Berlusconi. Nicht vorgesehen.

Opposition – Schaffte es 1996 und 2006, eine Berlusconi-Regierung abzulösen. Spitzenkandidat und nachfolgend Ministerpräsident war beide Male Romano Prodi (Reggio di Emilia 1939), ein Professor für Volkswirtschaft und ehemaliger Manager des Staatskonzerns ENI, der 1978 bereits im Kabinett von Giulio Andreotti Industrieminister war. Der überzeugte Europäer Prodi ermöglichte mit seinem Sparkurs Italien die Aufnahme in die Euro-Zone und war von September 1999 bis 2004 Präsident der Europäischen Kommission. Der moderate und bescheidene Prodi, im Auftreten wie in den politischen Überzeugungen das glatte Gegenteil von Berlusconi, regierte jeweils nur zwei Jahre, weil er aus seinen eigenen Reihen gestürzt wurde. Und damit wären wir auch schon beim großen Problem der O., die es in den Jahren an der Macht nicht vermochte, ein zufriedenstellendes Gesetz gegen die Interessenkonflikte von Silvio Berlusconi zu verabschieden: ihre innere Zerrissenheit. Prodi mit seinem Ölbaumbündnis und sein Nachfolger, der Exkommunist Walter Veltroni (Rom 1955) mit der neuen Partei Partito Democratico (PD) versuchten, in einer neuen Volkspartei der linken Mitte mit ehemaligen Kommunisten, Christdemokraten und Sozialisten die Kräfte diesseits des Berlusconismus zu bündeln. Doch die Demokraten bremsen sich selbst immer wieder mit einer schier unendlichen Identitätskrise aus. Am linken Rand der O. erlebten die beiden kommunistischen Parteien einen Einbruch, als sie 2008 erstmals in der italienischen Nachkriegsgeschichte den Einzug ins Parlament verpassten. Nach Veltronis Rücktritt vom Parteivorsitz im Frühjahr 2009 brauchte der PD Monate, um einen Nachfolger zu finden. Der Übergangssekretär Dario Franceschini (Ferrara 1958), ein ehemaliger Christdemokrat, erschien als zu blass und zu schwach, um der Partei von Berlusconis zahlreichen Skandalen im Sommer 2009 Vorteile zu verschaffen. Seit Oktober 2009 ist Pierluigi Bersani (Piacenza 1951) Vorsitzender des PD. Als Industrieminister der Regierung Prodi hatte Bersani eine Reihe von Liberalisierungen durchgesetzt, was ihm Popularität verschaffte. Doch die Umfragewerte der Partei gehen nicht über 28 Prozent hinaus – die linke Mitte braucht unbedingt Verbündete, um gegen Berlusconi bestehen zu können. Sonst bleibt der gemütliche Exkommunist Bersani, wie Starjournalist Gianni Mura ihn definiert, »ein optimaler Kandidat für den Posten als Verwalter einer Hausgemeinschaft«.

Prozesse – Siehe auch Buchstabe **K**. Berlusconis Prozesse im Überblick (Stand Anfang 2011):

Mai 1990: Ein Berufungsgericht in Venedig verurteilt den Unternehmer Silvio Berlusconi wegen einer falschen Zeugenaussage. Es geht um Berlusconis Mitgliedschaft in der Geheimloge Propaganda 2. Dieses konspirative Netzwerk hatte die Aushöhlung der demokratischen Institutionen zum Ziel. Führungspersonen aus Militär, Wirtschaft und Politik hatten sich zusammengeschlossen, um den Staat unter sich aufzuteilen und Italien nach rechts zu rücken. Die P2 wurde 1982 aufgelöst und verboten. Berlusconi hatte vor Gericht behauptet, er könne sich an das Datum seines Eintritts nicht erinnern. Auch habe er keine Mitgliedsbeiträge entrichtet. Die Richter in Venedig beurteilen das als Falschaussage. Die Strafe wird jedoch aufgehoben: Amnestie.

Dezember 1997: Ein Mailänder Gericht verhängt 16 Monate Haft wegen Bilanzfälschung beim Erwerb der Filmverleihfirma Medusa. Das Kassationsgericht hebt dieses Urteil im Oktober 2001 auf: Freispruch wegen erwiesener Unschuld.

Juli 1998: In Mailand wird Berlusconi wegen illegaler Parteifinanzierung zu 28 Monaten Haft verurteilt – er soll über Auslandskonten rund zehn Millionen Euro an den früheren sozialistischen Ministerpräsidenten Bettino Craxi gezahlt haben. Im Gegenzug garantierte der Sozialist die Expansion von Berlusconis Fernsehunternehmen Mediaset, indem er beispielsweise das Rundfunkgesetz auf ihn zuschneiderte. Im Oktober 1999 spricht ein Berufungsgericht Berlusconi wieder frei: Verjährung.

März 1999: Wieder Freispruch wegen Verjährung für Berlusconi, diesmal in Mailand. Die Anklage lautete auf Steuerbetrug beim Kauf eines Grundstücks um eine Villa in Macherio. Das schlossähnliche Anwesen wird bis 2010 von Berlusconis zweiter Ehefrau Veronica Lario und ihren drei gemeinsamen Kindern bewohnt.

Juni 2001: Das Kassationsgericht spricht Berlusconi vom Vorwurf der Bestechung beim Kauf des Buchverlags Mondadori frei: Verjährung. Der Antrag der Verteidigung auf einen Freispruch erster Klasse wird abgelehnt. Damit wird letztinstanzlich festgestellt, dass Berlusconi den Zuschlag für das größte italienische Verlagshaus Mondadori durch Richterbestechung erhalten hat – zum Schaden seines damaligen Konkurrenten Carlo De Benedetti. Erst im Oktober 2009 spricht ein Zivilgericht in Rom De Benedetti, der unter anderem die regierungskritische Tageszeitung *La Repubblica* herausgibt, einen Schadensersatz von 750 Millionen Euro zu. Das Berufungsgericht in Mailand rundet im Oktober 2010 die Summe auf 500 Millionen Euro ab.

Oktober 2001: Das Kassationsgericht in Rom bestätigt, dass vier Mitarbeiter Berlusconis die Finanzpolizei bestochen haben, um Steuerkontrollen bei Firmen des Fininvest-Konzerns »abzumildern«. Berlusconi selbst, der in erster Instanz zu einer Haftstrafe von 33 Monaten verurteilt worden war, wird freigesprochen: Mangel an Beweisen.

November 2002: Ein Mailänder Gericht stellt ein Bilanzfälschungsverfahren ein: Verjährung. Als Präsident des Fußballklubs AC Mailand soll Berlusconi 1992 den Transfer des Spielers Gianluigi Lentini vom AC Turin aus schwarzen Kassen gezahlt haben.

Dezember 2004: Freispruch vor einem Berufungsgericht in Mailand: Es geht wieder um Richterbestechung – diesmal beim Verkauf des staatlichen Lebensmittelkonzerns SME.

September 2005: In Mailand wird Berlusconi vom Vorwurf der Bilanzfälschung freigesprochen – er profitiert von einer Gesetzesänderung, die den Straftatbestand einschränkt. Das neue Gesetz gilt auch rückwirkend. Bei dem Prozess ging es um 500 Millionen Euro Manipulationsmasse in den Fininvest-Bilanzen zwischen 1989 und 1995. Im Januar 2008 wird ein weiteres Bilanzfälschungsverfahren gegen Berlusconi mit der Begründung eingestellt: Keine Straftat ohne Gesetz.

Februar 2009: In Mailand wird der britische Advokat David Mills wegen Falschaussage zugunsten von Berlusconi zu viereinhalb Jahren Haft verurteilt. Mills, so heißt es in der Urteilsbegründung, habe von Berlusconi 600 000 Dollar dafür bekommen, dass er in den All-Iberian-Prozessen um illegale Parteienfinanzierung und Bilanzfälschung den Regierungschef deckte. All Iberian ist eine Scheinfirma Berlusconis, mit deren Hilfe er illegale Geschäfte abgewickelt haben soll. Der Anwalt war mit der früheren britischen Kulturministerin Tessa Jowell verheiratet, die sich nach seiner Anklage von ihm trennte. In zweiter Instanz wurde das Urteil gegen Mills bestätigt – und damit auch der Vorwurf gegen Berlusconi.

7. Oktober 2009: Das Verfassungsgericht erklärt ein seit 2008 gültiges Gesetz, das die vier höchsten Staatsämter von staatsanwaltschaftlichen Ermittlungen und Prozessen ausnahm, für verfassungswidrig. Die Regelung verstoße gegen den Gleichheitsgrundsatz und sei zudem mit einfacher Parlamentsmehrheit beschlossen worden – anstatt mit der dafür notwendigen Zweidrittelmehrheit. Bei dem verworfenen Immunitätsgesetz handelte es sich um eine von zahlreichen Klauseln, mit denen Silvio Berlusconi sich vor Strafverfolgung schützte. Eine Auswahl:

2001 Gesetz zur Einschränkung der Rechtshilfe aus dem Ausland (erschwert beispielsweise die Arbeit der Steuerfahnder)

2002 Verwässerung des Straftatbestandes der Bilanzfälschung. So sind etwa Haftstrafen nur noch möglich, wenn garantiert ist, dass das Unternehmen des Verurteilten durch die Strafanwendung nicht gefährdet wird

2002 Gesetz über den »legitimen Verdacht«: Ein Gerichtsstandort kann vom Angeklagten abgelehnt werden, falls ein »legitimer Verdacht« auf Befangenheit besteht

2003 Erstes Immunitätsgesetz für die fünf höchsten Staatsämter – wird später vom Verfassungsgericht abgelehnt

2004 Gesetz über die Legalisierung von Schwarzbauten in Naturschutzgebieten

2005 Herabsetzung der Verjährungsfristen für verschiedene White-Collar-Straftaten

2006 Gesetz zur Einschränkung des Berufungsrechts für die Anklage – wird später vom Verfassungsgericht abgelehnt

2010 Gesetz über die »legitime Abwesenheit« des Ministerpräsidenten bei den gegen ihn geführten Prozessen – wird in Teilen vom Verfassungsgericht abgelehnt

Laufende Prozesse:

– Berufungsprozess David Mills

Da Mills für schuldig befunden worden ist, von Berlusconi für eine Falschaussage bezahlt worden zu sein, riskiert der Regierungschef ein Verfahren wegen Bestechung. Da sich aber die mutmaßliche Straftat bereits 1997 ereignete, kann Berlusconi auf Verjährung hoffen. Die Frist läuft 2011 aus.

– Fernsehrechte-Prozess

Im Betrugsverfahren um Senderechte des Unternehmens Mediaset ist für Berlusconi nach Eintritt der Verjährungsfristen für die Anklagepunkte Bilanzfälschung und Unterschlagung noch der Vorwurf des Steuerbetrugs möglich. Mediaset soll von 1994–1999 mit Hilfe von Offshore-Firmen Fernsehrechte in den USA günstig erworben haben, um sie offiziell zu einem weitaus höheren, offenkundig gefälschten Preis zu beziehen. Es geht um 470 Millionen Euro.

– Prozess wegen Nötigung und Förderung der Prostitution Minderjähriger. Die Staatsanwaltschaft Mailand eröffnet im Januar 2011 ein Ermittlungsverfahren gegen Berlusconi, weil er Beziehungen zu einer minderjährigen Prostituierten gepflegt haben soll. Um diese Beziehungen zu vertuschen, soll der Ministerpräsident persönlich den Polizeichef von Mailand unter Druck gesetzt haben.

RAI – Radiotelevisione Italiana, staatliche Rundfunkanstalt, gegründet 1954. Nicht zu verwechseln mit Mediaset, privates Fernsehunternehmen, gegründet 1978 durch Silvio Berlusconi, jedoch zum Verwechseln ähnlich. Beide Sender haben jeweils drei Programme mit sehr viel Werbung und einem Showpersonal, das zwischen R. und Mediaset wechselt. Die R. wird traditionell von den politischen Parteien kontrolliert, in der so genannten Ersten Republik vor dem Aufziehen des Berlusconismus kontrollierten die Christdemokraten das Erste Programm, die Sozialisten das Zweite Programm und die Kommunisten RAItre. Unter Berlusconi (mit Unterbrechung durch die beiden Regierungen Prodi) sind die ersten beiden Programme regierungsfreundlich, das Dritte Programm orientiert sich eher an der Opposition. Besonders die Berufung der Chefredakteure für die Nachrichtensendungen wird im Berlusconismus zu einer wahren Staatsangelegenheit, bei Regierungswechsel werden diese unverzüglich ausgetauscht. Der Chefredakteur der wichtigsten Nachrichtensendung im Ersten Programm verbannt sogar »linkslastige« Nachrichtensprecher aus dem Programm und sorgt dafür, dass in der Spätphase des Berlusconismus die italienische Tagesschau zu einem reinen Propagandainstrument der Regierung verkommt. Unliebsame Nachrichten etwa über die Sexskandale des Regierungschefs werden einfach unterdrückt, die Opposition zunehmend ausgeblendet, dafür liegt der Schwerpunkt der Hauptnachrichtensendung auf der »Cronaca Nera«, also der Verbrechenschronik über Familientragödien und Kriminalität. Das Staatsfernsehen trägt so massiv zur Entpolitisierung des öffentlichen Diskurses bei.

Steuern, Staatsanwälte, Staatsverfassung – Siehe Buchstabe **K**.

Tifosi – Wörtlich »Typhusinfizierte«, seit den 1920er Jahren gebräuchlicher Ausdruck für Fußballfans. Im Berlusconismus werden die Wähler zu T., die für ihr Idol die Hymne singen: »Ein Glück, dass es Silvio gibt« (offizielle Parteihymne des »Freiheitsvolks«). Der Führer wendet sich an seine T. gern in Videobotschaften und verspricht ihnen im Wahlkampf zum Beispiel den Kauf des brasilianischen Fußballers Ronaldinho. Die echten T. im Stadion sind mit Berlusconi nicht immer unkritisch. »Unentschuldigtes Fehlen: Präsident wird nicht versetzt« kann man schon mal auf einem Spruchband in der Fankurve des AC Mailand lesen. Berlusconi konterte: »Nach allem, was ich für diese Leute getan habe. Aber wenn sie mir in der Politik schon nicht dankbar sind, was kann ich dann im Fußball erwarten?« (Frühjahr 2010).

Utopie – Die Italiener wohnen in Häusern von Berlusconi, beginnen den Tag mit einer Zeitung oder einer Nachrichtensendung aus den Medien von Berlusconi, schicken ihre Kinder in Schulen, wo diese in Schulbüchern aus den Verlagen von Berlusconi studieren. Die Italiener sind versichert in einer Versicherung von Berlusconi, sehen Unterhaltungsprogramme von Berlusconi, gehen in Ausstellungen und kaufen den Ausstellungskatalog aus einem Verlag von Berlusconi, sehen im Stadion ein Spiel des AC Mailand (im Besitz von Berlusconi) oder im Kino den neuen Woody-Allen-Film aus dem Filmverleih von Medusa (gehört ebenfalls Berlusconi). Und wenn sie spätabends nach Hause kommen, sehen sie den Ministerpräsidenten Berlusconi in einer Talkshow der RAI. Von morgens bis abends, von montags bis sonntags bewegen sich die Italiener in Berlusconis Welt. Und das Beste ist: Diese Utopie ist schon längst Wirklichkeit.

Veronica wie Veronica Lario – (Künstlername von Miriam Raffaella Bartolini) Jahrgang 1956, Bologneserin, Schauspielerin und Berlusconis zweite Exehefrau, eine Symbolfigur für den Stolz der italienischen Frauen. Lernte 1980 nach einer Vorstellung im Mailänder Theater Manzoni den Theaterbesitzer Silvio Berlusconi kennen und beginnt mit dem verheirateten Mann eine Liebesbeziehung. Bis er sie 1990 endlich heiratet, haben die beiden schon drei Kinder – Barbara (1984), Eleonora (1986) und Luigi (1988), die später alle in Papas Firmen arbeiten und ihren beiden älteren Geschwistern aus erster Ehe Marina (1966) und Piersilvio (1969) Konkurrenz machen werden.

Fast zwanzig Jahre lang führt V. das Leben einer ultrareichen und ultradiskreten Ehefrau. Sie bewohnt allerdings mit ihren Kindern ihre eigene Villa unweit der Residenz ihres Mannes in Arcore und ist höchst selten bei offiziellen Empfängen als First Lady an der Seite Silvio Berlusconis zu sehen. Der revanchiert sich, indem er seiner Frau in aller Öffentlichkeit ein (von beiden entschieden dementiertes Verhältnis) mit dem italienischen Philosophen Massimo Cacciari unterstellt und dem damaligen dänischen Premier Anders Fogh Rasmussen das zweifelhafte Kompliment macht: »Sie würden meiner Frau sicher gut gefallen.«

Bei ihren seltenen öffentlichen Erklärungen bewahrte V. stets Distanz zu den politischen Überzeugungen ihres Ehemannes. So äußerte sie 2003 in einem Interview Sympathie für die Gegner des italienischen Einsatzes im Irak. Später setzte sie sich für die Aufführung einer Theaterinszenierung ein, die Gefolgsleute ihres Mannes verbieten wollten. Im Gegensatz zu Berlusconi sprach sie sich für ein Gesetz aus, das künstliche Befruchtung erlaubt und regelt.

In der 2004 erschienenen Biographie »Tendenza Veronica« der Journalistin Maria Latella wird V. als eine Frau beschrieben, die innere Distanz zum Lebensstil ihres Ehemannes pflegt – das Buch erregt im In- und Ausland großes Aufsehen. Oppositionsführer Walter Veltroni erklärt, er würde sich freuen, wenn V. für den Partito Democratico kandidieren wolle – Veltroni meint das ganz ernst.

Aber V. macht ihre persönliche Opposition gegen Silvio Berlusconi, und das in aller Öffentlichkeit. Im Januar 2007 fordert sie in einem Brief an die Tageszeitung *La Repubblica* eine öffentliche Entschuldigung von ihrem Noch-Ehemann, weil der gegenüber der späteren Gleichberechtigungsministerin Mara Carfagna erklärt hatte: »Wenn ich nicht schon verheiratet wäre, würde ich dich heiraten.« Es ist der Auftakt zu einem furios ausgetragenen Rosenkrieg, der Mitte 2009 in der Scheidung (eingereicht von V.) und Unterhaltsforderungen im dreistelligen Millionenbereich gipfelt. Inzwischen attackiert V. auch ganz frei die Politik ihres langjährigen Lebensgefährten, etwa das zweifelhafte Casting weiblicher Kandidaten für sein »Freiheitsvolk«. Im Gegenzug versuchen sich die Medien ihres Ex an der Demontage der ehemaligen First Lady, unterstellen ihr ein Verhältnis mit ihrem Leibwächter und bezeichnen sie als »undankbares Showgirl« und Exzentrikerin, deren Launen dem Ministerpräsidenten schaden. Das rechtspopulistische Blatt *Libero* druckt Fotos mit einer barbusigen V. bei einem Bühnenauftritt, die mehr als zwanzig Jahre lang verschollen waren. Nach dieser »Warnung« aus dem Lager ihres Mannes verstummt V., Monate später verlässt sie auch die Villa in Macherio, um in ein Hotel in Monza zu ziehen.

Wahlen – Eigentlich überflüssiger Ritus aus der Steinzeit der Demokratie. Mittelfristig durch Meinungsumfragen zu ersetzen, bis dahin reicht ein Wahlgesetz, das der stärksten Partei einen satten Bonus zum Regieren beschert – von Berlusconi kurz vor den W. 2008 verabschiedet.

Zwerge und Ballerinas – Despektierliche Bezeichnung des Volksmundes für die Entourage des Sozialisten Bettino Craxi. Von der linken Opposition ebenso despektierlich angewendet auf die Entourage des Berlusconianers Silvio Berlusconi. Verspottet wird so der zwergenhafte Minister für den öffentlichen Dienst Renato Brunetta (Venedig 1950), ein früherer Sozialist und Craxianer, der Italiens Staatsdiener gegen sich aufbringt, indem er sie als »Nichtstuer« (fannulloni) bezeichnet und ihnen die Kündigung androht. Seine oftmals bizarren, ja grotesken Äußerungen machen Brunetta zu einer Zielscheibe des Spotts italienischer Berufskomiker (siehe Buchstabe **K.**). Mit »Ballerinas« sind die Damen gemeint, die zu Silvio Berlusconis Partys antanzen, obwohl das ja eigentlich gar keine Tänzerinnen sind. Der Ausdruck Z. und Berlusconi versucht also, das Zirkushafte im Politikstil von Bettino Craxi und Silvio Berlusconi herauszustreichen. Dabei wird allerdings übersehen, dass der Circus Berlusconi mit nichts in der neueren italienischen Geschichte zu vergleichen ist.

Literatur

Barbacetto, Gianni, Campioni d'Italia, Mailand 2002.

Belpoliti, Marco, Il corpo del capo, Parma 2009.

Berizzi, Paolo, Bande nere – Come vivono, chi sono, chi protegge i nuovi nazifascisti, Mailand 2009.

Bocca, Giorgio, Napoli siamo noi – Il dramma di una città nell'indifferenza dell'Italia, Mailand 2006.

Ders., Piccolo Cesare, Mailand 2002.

Boldrini, Stefano, Professione gol – La straordinaria vita di Gigi Riva, Arezzo 1999.

Borelli, Vittorio, Banca padrona, Mailand 2005.

Bredekamp, Horst, Florentiner Fußball – Die Renaissance der Spiele, Berlin 2001.

Brera, Gianni, Storia critica del calcio italiano, Mailand 1975.

Cantone, Raffaele, Allein für die Gerechtigkeit – Ein Leben im Kampf gegen die Camorra, München 2009.

Capacchione, Rosaria, L'oro della camorra, Mailand 2008.

Caporale, Antonello, La ciurma – Incontri straordinari sul barcone della politica, Neapel 2006.

Caracciolo, Lucio (Hg.), Limes – Come mafia comanda, Rom 2005.

Ders., Limes – Esiste l'Italia? Dipende da noi, Rom 2009.

Cazzullo, Aldo, I torinesi da Cavour a oggi, Bari 2002.

Chiamparino, Sergio, La sfida, Turin 2010.

D'Agostino, Roberto und Pizzi, Umberto, Ultracafonal, Mailand 2010.

De Gregorio, Concita, Un paese senza tempo – Fatti e figure in vennt'anni di cronaca italiana, Mailand 2010.

De Pasquale, Dario, Le mani su Messina prima e dopo il terremoto del 1908, Messina 2006.

Desiderio, Giancristiano, Aristotele spiegato con Totti, Benevent 2008.

Di Fiore, Gigi, La camorra – Storie e documenti, Turin 2006.

Forgione, Francesco, Mafia-Export, Mailand 2009.

Ders. (Hg.), 'Ndrangheta – La relazione della Commissione Parlamentare Antimafia, Mailand 2008.

Ghirelli, Antonio, Storia di Napoli, Turin 1973.

Grasso, Pietro und La Licata, Francesco, Pizzini, veleni e cicoria – La mafia prima e dopo Provenzano, Mailand 2007.

Hausmann, Friederike, Italien, München 2009.

Klüver, Henning, Der Pate letzter Akt – Eine Reise ins Land von Cosa Nostra, München 2007.

La Porta Filippo, Diario di un patriota perplesso negli USA, Rom 2008.

Latella, Maria, Tendenza Veronica, Mailand 2004.

Luzzatto, Sergio, Padre Pio – Miracoli e politica nell'Italia del Novecento, Turin 2007.

Malafronte, Lucia und Maturo, Carmine, Urbs sanguinum, Neapel 2000.

Mattioli, Aram, Viva Mussolini – Die Aufwertung des Faschismus im Italien Berlusconis, Paderborn 2010.

Metropolitana di Napoli (Hg.), La metropolitana di Napoli – Nuovi spazi per la mobilità e la cultura, Neapel 2001.

Moro, Giovanni und Profumo, Alessandro, Plus Valori – La responsabilità sociale dell'impresa, Mailand 2003.

Papa, Antonio und Panico, Guido, Storia sociale del calcio in Italia, Bologna 1993.

Riccobono, Franz, Il terremoto dei terremoti – Messina 1908, Messina 2007.

Rizzo Sergio und Stella, Gian Antonio, La casta – Così i politici italiani sono diventati intoccabili, Mailand 2007.

Rumiz, Paolo, La secessione leggera – Dove nasce la rabbia del profondo nord, Mailand 2001.

Rusconi, Gian Enrico, Schlemmer, Thomas und Woller, Hans

(Hg.), Berlusconi an der Macht – Die Politik der italienischen Mitte-Rechts-Regierungen in vergleichender Perspektive, München 2010.

Sales, Isaia, Le strade della violenza – Malviventi e bande di camorra a Napoli, Neapel 2006.

Sarugia, Danilo, Grande Inter – La leggendaria squadra di Moratti e Herrera, mit einem Vorwort von Massimo Moratti, Arezzo 1996.

Saviano, Roberto, Gomorrha, München 2007.

Schönau, Birgit, Calcio – Die Italiener und ihr Fußball, Köln 2005.

Stella, Gian Antonio, Tribù spa, Mailand 2005.

Stille, Alexander, Citizen Berlusconi, München 2006.

Veltri, Elio und Travaglio, Marco, L'odore dei soldi – Origine e misteri delle fortune di Silvio Berlusconi, Rom 2001.

Von Roques, Valeska, Die Stunde der Leoparden, Wien 1994.

Woller, Hans, Geschichte Italiens im 20. Jahrhundert, München 2010.

Danksagung

Viele der im Buch erwähnten Begegnungen sind am Rande von Recherchen für *DIE ZEIT* entstanden. Ich danke den Redaktionen von Politik, Wirtschaft und Reise sehr herzlich, dass sie mit Anregungen und Unterstützung über die Korrespondentenarbeit hinaus auch dieses Buch ermöglicht haben. Gleiches gilt für die Sportredaktion der *Süddeutschen Zeitung*.

Ein großes Dankeschön für Ideen, inspirierende Gespräche, Geistesblitze aller Art, große Gelage und geduldige Freundschaft an: Maria Grazia Betti, Jill Burnett, Guerrino De Luca, Monica di Benedetto, Birgit Haustedt, Klaus Hoeltzenbein, Marco und Lodovica Magnani, Erwin Northoff, Mario Oetheimer, Birgit Pauls, Eva Pföstl, Lars Reimers, Gundula Rohe, Ludger und Margit Schulze, Dirk Schümer, Dorothée Stöbener, Norbert Thomma und Paola Vassalli.

Euch allen ist dieses Buch gewidmet, ganz besonders aber Sandro, Sabina, Filippo und meinen Eltern Helga und Manfred.

© 2011 BV Berlin Verlag GmbH, Berlin
Alle Rechte vorbehalten
Umschlaggestaltung: Nina Rothfos & Patrick Gabler, Hamburg
Typographie: Birgit Thiel, Berlin
Gesetzt aus Walbaum von Greiner & Reichel, Köln
Druck und Bindung: CPI – Clausen & Bosse, Leck
Printed in Germany
ISBN 978-3-8270-0985-2

www.berlinverlage.de